Nitescence de la Dualité

Solange Sudarskis

10

Vagabondages maçonniques

TABLE DES MATIÈRES

NB. Pour épargner le lecteur souhaitant accéder aux références de la documentation sur le web, des liens avec frappe au clavier simplifiée ont été créés avec le logiciel *tinyurl.com*.

1 RÉUNIR CE QUI EST ÉPARS

Réunir ce qui est épars consiste à (re)former un tout à partir d'éléments composites, similaires ou distincts qui, pour une raison ou pour une autre, se trouvent divisés, éclatés, séparés les uns des autres.

Le dualisme envisage uniquement la séparation que la conscience humaine a tracée entre le monde et le moi; ces deux termes opposés, il les appelle «esprit et matière», «sujet et objet», ou «pensée et phénomène».

Malgré son apparence dichotomique, le pavé mosaïque n'est pas manichéen; il est à considérer comme figure de la dualité, pas du dualisme, comme un plaidoyer pour la tolérance[1].

On pourrait dire que la manifestation universelle est formée par des lettres séparées correspondant à la

---

[1] De Raymond Ruyer, *Les nuisances idéologiques*: <tinyurl.com/nuisances-ideologiques>.

multiplicité de ses éléments, et que, en les réunissant, on la ramène par là même à son principe.

François-Timoléon Bègue Clavel relate au XIXᵉ siècle dans *Histoire pittoresque de la Franc-Maçonnerie et des sociétés secrètes anciennes et modernes*: «Vers l'an 712 avant notre ère, Numa institua à Rome des collèges d'artisans (*collegia arlificum*), en tête desquels étaient les collèges d'architectes (*collegia fabrorum*). On désignait aussi ces agrégations sous les noms de sociétés, de fraternités (*sodalilaies, fralernitales*). De la même époque, datait à Rome l'établissement des libérales, ou fêtes de Bacchus. Lorsque les corporations franches se constituèrent en une seule grande association ou confrérie, dans le but d'aller exercer leur industrie au-delà des Alpes, les papes secondèrent ce dessein: il leur convenait d'aider à la propagation de la foi par le majestueux spectacle des vastes basiliques et par tout le prestige des arts dont ils entouraient, le culte. Ils conférèrent donc à la nouvelle corporation, et à celles qui se formèrent par la suite avec le même objet, un monopole qui embrassait la chrétienté tout entière, et qu'ils appuyèrent de toutes les garanties et de toute l'inviolabilité que leur suprématie spirituelle leur permettait de lui imprimer. Les diplômes qu'ils délivrèrent à cet effet aux corporations leur accordaient protection et privilège exclusif de construire tous les édifices religieux; ils leur concédaient le droit de relever directement et uniquement des papes. Les membres des corporations eurent le privilège de fixer eux-mêmes le taux de leurs salaires, de régler exclusivement, dans leurs chapitres généraux, tout ce qui appartenait à leur gouvernement intérieur».

Nitescence de la Dualité

On consultera pour compléter cet aperçu le chapitre premier (*Origine de la Franc-maçonnerie*) du susdit ouvrage ainsi que le chapitre *Histoire Critique de la Franc-Maçonnerie et sectes mystiques*[2].

Si la signification ésotérique de cette expression, rassembler ce qui est épars, apparaît surtout au 3ᵉ degré, selon les Constitutions d'Anderson, la Franc-Maçonnerie «a été fondée pour réunir les hautes valeurs morales qui, sans elle, auraient continué de s'ignorer, et pour être le centre de l'Union.» C'est la fraternité qui rend possible une telle démarche, le symbolisme en est son outil par excellence, elle est un but d'harmonisation du vivre ensemble. L'assemblage des pierres taillées pour l'édification du temple en est la métaphore des rites de constructeurs. Réunir ce qui est épars serait donc en premier lieu, de nouer une amitié fidèle entre les hommes de hautes valeurs morales et pour être le centre de l'union entre eux afin de les mettre en pratique. Cependant, on aura bien compris aussi, l'élitisme qui est recherché en réunissant ces personnes possédant de hautes valeurs morales.

La franc-maçonnerie, c'est donc un projet, une «intention»: réunir les êtres humains porteurs de hautes valeurs morales. Pour réussir ce challenge, trois conditions ont été proposées par les initiateurs:

~ Une bienveillance mutuelle fondée sur le respect, l'écoute et la recherche personnelle,

---

[2] À partir de la page 134 de l'ouvrage Histoire des religions et des mœurs de tous les peuples du monde. Tome 6, 1819: <tinyurl.com/critique-FM>.

~ Un rituel permettant de structurer un temps de méditation,

~ Un lieu la loge: c'est l'atelier de la rencontre et du partage pour le temps d'apprentissage de cet amour fraternel, en dehors des contraintes de la vie profane.

L'Osiris égyptien périt dans une embûche tendue par Seth (ou Typhon), mais son épouse Isis et son fils Horus recherchent ses restes dispersés, les réunissent et leur redonnent vie. Dans le mythe d'Osiris, nous voyons le principe: devenir tout d'abord quatorze, puis treize et enfin fonctionner physiquement, être matérialisé, suivant le nombre douze que nous retrouvons dans d'autres mythes, héritiers et successeurs de la mystique égyptienne. D'autres religions porteront plus avant cette connaissance au travers, notamment, du cycle d'Héraclès, puis, par la répartition des tâches apostoliques après la disparition terrestre du Christ.

L'ordre de progression, permettant à l'homme de reconquérir l'unité originelle disparue, consiste donc à «fonctionner» dans le monde manifesté selon le mode duodécimal que symbolisent pour l'Égypte les douze morceaux du dieu disparu afin de remonter, de revivre, les phases successives du démembrement d'Osiris. Après avoir reconstitué cette première totalité et réalisé en soi la synthèse de l'ensemble de ces expérimentations, il deviendra alors possible de retrouver le cœur caché, le centre invisible d'énergie. Cette redécouverte implique la descente dans la caverne, puis la mort de tout ce qui a été notre comportement. Cette mutation ne peut intervenir que lorsque le temps est arrivé de mettre un terme à notre fonctionnement purement terrestre.

À ce moment, celui-ci, bien qu'harmonisé avec l'universel, n'est plus adapté à notre nouvel ouvrage, c'est pourquoi une ultime transformation est nécessaire et permet de renaître enfin. Elle rend apte à réintégrer le principe fécondateur disparu puis d'être créatif à notre tour, d'ensemencer les ténèbres de la lumière ainsi reçue. C'est alors que la transformation s'enrichit des fruits de l'expérimentation.

La Franc-Maçonnerie est une voie qui ne peut que proposer la lumière, lumière qui fera, ou pas, ensuite son chemin dans l'intériorité de chacun. Et c'est la somme des êtres ayant reçu la lumière qui fera évoluer l'humanité.

Dans la réalité, la multiculture idéale due aux migrations semble compromise avec les options des idéologies radicales d'un certain islam qui veut dominer, d'un catholicisme qui se veut universel, de l'intégration totale et rationaliste qui veut être une loi républicaine. Pour Régis Debray, les cultures fractionnent l'espèce humaine en forgeant des identités. La science et la technique ont un rôle de confluence, de rassemblement de ce qui est épars.

La Franc-maçonnerie, par les influences subies à caractère chevaleresque, hermétique, alchimique, compagnonnique a conservé et rassemblé différentes traditions et ésotérismes. «Voilà trois siècles que nous nous enrichissons de toutes les traditions spirituelles du monde, pourvu qu'elles ne soient pas contraires à nos principes de tolérance et de libre-pensée», résume Marc Henry, passé grand maître de la Grande Loge de France.

La Franc-Maçonnerie est un centre d'union rassemblant ce qui est épars.

«Réunir ce qui est épars» signifie surtout se réconcilier avec son propre «en soi». «Rassembler ce qui est épars» semble plutôt relever de l'individuel, de l'intériorité, et implique, par analogie, le retour au Un. Ce «Un» (aleph) s'est fragmenté dans le deux (Beth), inhérent à la Création. La maçonnerie appliquerait alors ce retour vers l'unité. L'union retrouvée n'est donc pas un pur retour à un état précédent, mais quelque chose de plus complexe où le répétitif s'allie à la prise de conscience d'une modification.

«RÉUNIR CE QUI EST ÉPARS» pour le Franc-maçon spirituel, serait donc travailler essentiellement sur soi-même et non sur les autres, afin de se réunifier pour retrouver l'unité première, car s'il est constitué : d'un corps (le soma) et d'un esprit (la psyché), sa démarche première consiste à retrouver cette unité Psychosomatique, afin de se réunifier.

En loge, le maçon se doit de ne plus être éparpillé, mais regroupé, centré, il ne doit faire plus qu'un avec toute la loge. Il doit regrouper ses pensées afin de mettre à profit l'instant présent, qui seul peut lui permettre de se dévoiler, de se découvrir, pour qu'enfin se révèle à lui sa vrai nature et qu'il puisse ainsi vivre l'expérience de l'éveil.

2 ICI TOUT EST SYMBOLE

Nec loquens, nec celans, sed significans (ni parlant, ni cachant mais signifiant, Héraclite).
Les symboles reflètent la complexité trop souvent inextricable des choses[3].

Un prêtre du IVe siècle, Rufin d'Aquilée, a montré, dans son *Explication du symbole des apôtres*, comment ce nom est entré dans le monde chrétien: «Le nom grec symbolon peut être traduit par *indicium* (signe de reconnaissance), mais aussi par *collatio*, (assemblage, rassemblement), c'est-à-dire ce que plusieurs rassemblent en une seule chose; c'est ce que firent les apôtres.» En effet, le symbole des apôtres, aussi appelé *Credo*, est le regroupement en un seul texte des articles de leur foi.

Le Catéchisme du concile de Trente[4] définit le mot «symbole» ainsi: cette profession de foi et d'espérance chrétienne que les apôtres avaient composée, ils l'appelèrent «symbole», soit parce qu'ils la formèrent de l'ensemble

---

[3] Oswald Wirth, *Le symbolisme hermétique dans ses rapports avec l'Alchimie et la Franc-maçonnerie*, p.8, Dervy éditions.
[4] *Catéchisme du concile de Trente*: <tinyurl.com/sens-du-mot-symbole>.

des vérités différentes que chacun d'eux formulât, soit parce qu'ils s'en servirent comme d'une marque et d'un mot d'ordre qui leur ferait distinguer aisément les vrais soldats de Jésus-Christ des déserteurs et des faux frères qui se glissaient dans l'Église pour corrompre l'Évangile.

Par la suite, le nom français «symbole» ajouta à ces sens celui de figure ou d'image qui sert à représenter une réalité, le plus souvent abstraite. On ne s'étonnera pas que ce dernier sens soit assez proche de celui d'«emblème», puisque ce nom est tiré, lui aussi, du verbe grec *ballein*. Le verbe *sumballein*, en grec ancien signifie réunir, rassembler, et dérive de *bolein*, lancer, car *sumballein* avait primitivement le sens de lancer ensemble. De ce point de vue, son antonyme, *diaballein*, origine du mot diable, signifie lancer en travers, séparer.

Le mot symbole dérive du grec *sumbolon*, qui servait à désigner une chose composée de deux parties. Les *sumbola*, représentaient en Grèce les deux moitiés d'une tablette ou d'un objet quelconque qu'on avait brisé lors d'un contrat et que chacun des deux contractants conservait en souvenir de l'entente. Les *symbolon* pouvaient également servir de signe de reconnaissance entre deux individus par aboutement des deux morceaux. Le partage en deux permet la reconnaissance et la sécurité à deux personnes ne se connaissant pas: les deux parties de l'objet ou, plutôt, le *dispositif lié* qu'elles permettent, sont au sens propre un symbole. Les deux parties du *sumboleum* s'assemblaient par la facette fraîchement apparue, mais comme chacune des parties était en trois dimensions, elles pouvaient se rattacher à de nombreuses autres pierres comme les pièces d'un puzzle, jusqu'à l'infini.

On en voit l'usage avec les objets rattachés aux dossiers d'enfants trouvés ou assistés[5].

En particulier dans cette note jointe à un procès verbal d'admission d'un enfant trouvé, vraisemblablement rédigée par ses parents[6]. Ces derniers espèrent un jour récupérer l'enfant, et ont laissé avec l'enfant une demi-carte à jouer (6 de pique), grâce à laquelle ils pensent pouvoir, le moment venu, prouver leur identité de parents en présentant l'autre moitié de la carte

Si le signe distingue et donc sépare, le symbole, lui, permet la convergence en réunissant ce qui est épars. En favorisant la pensée intuitive, les symboles facilitent le dépassement des limites personnelles, sociales, présentes ou passées et autorisent l'impression de comprendre ce qui est commun à tous les hommes et à toutes les civilisations.

Le mythe, comme le rite, est un mode d'expression propre à un groupe, à une société, à un moment donné. Son apprentissage, sa transmission dans le cadre d'une éducation, ou d'une tradition, crée un type très particulier de lien entre l'individu et le collectif, un lien où la part de l'imaginaire et du sentiment devient particulièrement importante. Ce lien, les penseurs grecs (surtout les néoplatoniciens) lui ont donné un nom: le symbole, rejoignant ainsi l'autre origine du mot, *sumbolé*, «l'articulation».

---

[5] Archives de Paris: <tinyurl.com/arcives-depots>.
[6] Théodore Deschamps, admis le 14 mars 1809 sous le matricule 956. Archives de Paris: <tinyurl.com/demi-objet-enfant-trouve>.

Le symbole ne recouvre pas d'obscurantisme, il dévoile, il révèle une connaissance du monde toujours plus vaste, qu'une parole enfermerait et réduirait dès lors qu'elle se donnerait à entendre sous forme de discours. Parce que le symbole condense en lui un nombre illimité de significations, il est par excellence le support de toute pensée effectivement synthétique et l'instrument de ceux qui travaillent sur eux-mêmes à effacer la coupure qui sépare la réalité du réel; comme tout est signifiant, il s'agit de retrouver leur rapport. «Si les formes n'appartiennent pas à la perception ou à la pensée à la manière de conditions de possibilité, elles n'appartiennent pas non plus à la chose où elles résideraient tranquillement en attente d'être découvertes. Elles appartiennent à la problématique de la réalisation conçue comme une conquête».[7]

Les symboles délivrent des messages. Ils sont des ponts entre la réalité vécue et celle de l'univers, des ponts de compréhension, des ponts de sensibilité. Ils permettent de prendre contact avec ce que l'intelligence, dans sa finitude, ne peut pas comprendre. Gilbert Durand le définit comme «un signe renvoyant à un indicible et invisible signifié étant obligé d'incarner concrètement cette inadéquation qui lui échappe et cela par le jeu de redondances mythiques, rituelles, iconographique qui corrigent et complètent inépuisablement l'inadéquation.» L'expression symbolique est appelée «signifiant», elle est liée à des

---

[7] Jean-Louis Brun, Efficience narrative et la transmission des formes de vie: une approche anthroposémiotique de l'autopoièse dans les pratiques ritualisées, p.285: <tinyurl.com/efficience-narrative>.

concepts symbolisés, le «signifié». Le symbole aurait deux parties issues d'une tesselle originelle: une première partie qui reste en notre pouvoir, c'est l'objet lui-même et une deuxième partie hors de notre vue, en possession d'une personne tierce: c'est la contrepartie qui ne réapparaît qu'à l'issue d'un périple. Cette contrepartie va se réunir à la première pour reformer le tout originel.

Le symbole est un médiateur, une représentation, une évocation qui dissimule, dans un signifié, un signifiant sédimenté par le questionnement ontologique de ceux qui se penchent sur le mystère de l'être. Le signifiant, c'est la moitié visible du symbole. Le signifié, ce à quoi renvoie le signifiant, c'est la moitié invisible, ineffable, ce qui positivement ne peut être vu, nommé, mais seulement évoqué, suggéré.[8]

Ainsi tout symbole a deux caractères: il est à la fois fragmentaire et complémentaire. Le symbole est un fragment de vérité qui renvoie à la Vérité, un fragment d'être qui renvoie à l'Être. Et si dans notre vie quotidienne nous vivons dans le fini, la pensée symbolique permet d'accéder à l'Infini. Les symboles sont des catégories de pensée, ils sont indicateurs de comportement.

«Le décryptage d'un symbole, pour être efficace, exige en effet que soit pratiquée une certaine chirurgie: extraire l'os archétypal. Car c'est lui qui donne le sens. Pour ce faire, un peu de doigté est nécessaire. La pertinence veut que l'on se demande quel est l'archétype actif dans cet

---

[8] Vidéo, Sophie Mondoré, Les symboles en Franc-maçonnerie: <tinyurl.com/symboles-en-FM>.

objet de pensée ou d'expression. Tout ce qui se monte et participe de la métaphore doit être repéré, retenu comme élément significatif. Sa particularité est à relier à celle des indices voisins au sein d'une cohérence généralement facile à pressentir dans une chaîne de signifiants. Voir en quoi la logique interne de l'image passe d'un indice à l'aube, sans se perdre. La continuité de l'expression imagée est déjà libératrice du sens».[9]

La représentation de la déité pose la question: «Comment peut-on dire en images ce qui est sans image et prouver ce qui est dépourvu de mode, qui dépasse toutes les pensées et toute intelligence humaine?[10] Ainsi à la Renaissance apparaissent des *emblemata*, «proposées à la méditation et à la réflexion, non pas sous la forme du décryptage logique d'un rébus moderne, mais plutôt comme la recherche d'une illumination intérieure». Par exemple en 1548, *les Emblemata d'Andreae Alciati*.[11]

Au Moyen Âge, il y a des hiérarchies, des interdits des valorisations, par exemple le végétal est toujours plus pur que l'animal, les pierres précieuses et plus encore les perles sont plus valorisées que l'or. C'est le matériau qui donne sa valeur à l'œuvre d'art, ensuite son rapport à lumière que l'on appelle l'éclat, la couleur, la forme et tout en dernier le travail de l'artisan. En nous permettant de découvrir le troisième terme entre deux éléments opposés, le symbole nous apporte la Sagesse; en nous

---

[9] Dominique Aubier.
[10] *Les noces mystiques du bienheureux Henri Suso, L'anneau nuptial de l'éternelle Déité*: <tinyurl.com/l-anneau-nuptial>.
[11] *Les* Emblemata d'Andreae Alciati: <tinyurl.com/les-emblemata>.

transmettant le numineux, l'énergie propre à l'archétype, il nous communique la Force; en conciliant ce qu'il y a en nous de conscient et d'inconscient, le symbole nous invite à l'Harmonie.

La fonction symbolique s'articule en ses sept aspects essentiels: 1) Sa nature: elle possède une portée ontologique, de l'être, qui n'est pas seulement subjective, poétique ou anthropologique. 2) Sa direction: elle «circule» de haut en bas, permettant ainsi de distinguer l'ordre de l'être, et l'ordre du connaître. 3) Son expression: tout y est donné en bloc dès le départ, puis découvert par un processus d'approfondissement. 4) Son architectonique: à la fois fermement structurée, et indéfiniment ouverte. 5) Sa vie intérieure: animée par une différence ontologique entre le symbolisé et le symbolisant. 6) Sa référence absolue: elle désigne une transcendance non symbolisable, qui est en quelque sorte le «plafond» du symbolisme. 7) Sa correspondance avec des états humains, car la connaissance est continûment assimilée et intériorisée: chaque étape ayant des corollaires dans un niveau d'intelligibilité et dans un stade de la réalisation humaine.

Les symboles sont à la fois substitutifs, projectifs, introspectifs.

En littérature, les bestiaires sont des ouvrages où sont catalogués des animaux, réels ou imaginaires, dont les propriétés, généralement merveilleuses, sont présentées comme symboles moraux ou religieux, ainsi dans le *Physiologus*, texte grec du IIe siècle, propose à la fois une zoologie spiritualisée et une théologie incarnée dans les bêtes, associant des citations de la Bible à des descriptions d'animaux, créant une typologie chrétienne à partir de la juxtaposition d'une image zoologique et d'un emblème christique. Là aussi il y a une hiérarchie que l'on retrouve dans la matière animale des parchemins. Jamais une reliure de livre religieux ne sera en peau de truie. Il sera en agneau, au mieux en cerf (*cervus*, le cerf et *servus*, le serviteur, un des surnoms du Christ).

Les symboles, souvent associés aux mythes, disent la voracité, la maternité, la haine, l'amour, la peur, la solitude, et même le meurtre, ils disent aussi l'équilibre, la fraternité, l'harmonie, le mystère. Ils montrent l'homme dans son rapport avec lui-même, avec les autres, et avec le cosmos.[12]

Les symboles ne sont que les vêtements qui habillent les énergies qu'ils représentent. Leur polyvalence les rend toujours délicats à utiliser et l'usage de la seule raison est souvent insuffisant. «La particularité de l'essence symbolique est de traverser tous les sens cognitifs et réflexifs en y laissant une trace «ressentie», que l'objet signifiant soit présent, absent ou substitué. L'expression «ressenti» associée à l'essence exprime qu'il est possible de lire le réel dans une dimension qui ne se borne pas aux limites du sens discursif et de s'affranchir de l'inconstance du sens relatif».[13]

Parce que la pratique du symbolisme en Maçonnerie stimule la conscience par la recherche

---

[12] Vidéo, Ludovic Richer, *Le symbolisme ésotérique*:
<tinyurl.com/symbolique-esoterique>.
[13] Lecture du tableau de loge du Maître:
<tinyurl.com/tableau-de-loge-du-maitre>.

et la compréhension de la substitution des signes aux choses, du sens aux signes, du symbole au sens, la substitution renvoie à un au-delà, à un invisible. Le sens est ce qui hante énigmatiquement le signe qui lui est substitué.

On pourrait démontrer qu'aucun symbole utilisé en Franc-Maçonnerie n'est de fait spécifiquement maçonnique. Ce qui l'est, c'est le corpus maçonnique dans son ensemble, c'est-à-dire cette capacité qu'a eu la Franc-maçonnerie d'accueillir, et de métisser, surtout au XVIIIe siècle, nombre de symboles ou d'emblèmes tirés de multiples traditions et appareils symboliques qui l'ont précédée. À partir de 1740, la multiplication de Hauts Grades, et avec eux l'enrichissement de la matière symbolique, va nettement faire évoluer les travaux rituels en loge et porter l'attention sur des apports de plus en plus éloignés des considérations opératives et sociales des Anciens Devoirs. L'influence des penseurs ésotériques, comme Martinès de Pasqually puis Louis-Claude de Saint-Martin, va modifier le rôle et la nature de la symbolique pour en faire un objet d'étude à part entière.

«Les symboles peuvent s'étudier en vertu d'une explication morale telle qu'elle est souvent présentée dans les rituels et notamment dans les rituels anglo-saxons ou quasi-théologique comme le fait le Rite Écossais Rectifié. Cependant les explications qui feraient correspondre à chaque symbole un principe moral ou métaphysique ne résument pas l'intérêt qu'ils présentent et présentent l'inconvénient majeur de fermer la réflexion en en fixant définitivement le sens.»

Chaque décor, chaque mot, chaque geste à l'intérieur du temple recèlent encore d'innombrables richesses qui attendent d'être recueillies. Comme l'écrit Paul Ricœur: «Au contraire des philosophies du point de départ, une méditation sur les symboles part du plein du langage et du sens toujours déjà là; elle part du milieu du langage qui a déjà eu lieu et où tout a déjà été dit d'une certaine façon; elle veut être la pensée avec toutes ses présuppositions. Pour elle la première tâche n'est pas de commencer mais, du milieu de la parole, de se ressouvenir.»

Symbole n'est pas emblème, symbole n'est pas attribut, symbole n'est pas allégorie, symbole n'est pas métaphore, symbole n'est pas analogie, symbole n'est pas parabole, symbole n'est pas apologue.

Comme «des docteurs du Talmud, pour qui la période miraculeuse est close, le raisonnement remplace l'inspiration divine; le commentaire livré à la libre interprétation des rabbins supplée à la loi révélée»; les herméneutes des symboles ouvrent tout questionnement sur l'ontologique. Bel exemple de tolérance: le Talmud rapporte avec soin les opinions individuelles, même lorsqu'elles ont été repoussées par la majorité des docteurs, afin de laisser à chacun le droit de rechercher ce qui lui paraît de plus vrai dans les assertions contradictoires des docteurs. C'est à la raison humaine qu'il appartient de les comprendre et de les l'interpréter.

Peu de mots ont reçu autant d'extension que le mot symbole, la comprendre avec le texte fondamental de Goblet d'Alviella[14].

Il est habituel dans le cadre de l'initiation d'apporter au nouvel initié un référentiel symbolique traditionnel. Si un sens lui est proposé, cela ne devrait pas être de manière définitive, mais plutôt comme une invitation à parcourir un nouveau chemin, dont la pertinence ne lui apparaîtra que plus tard par son travail personnel, avec une perspective infinie car toute catégorie d'existants est, de proche en proche, en relation de correspondance avec toutes les autres.

Chaque symbole, apparemment séparé, ne se suffit pas nécessairement par lui-même, c'est pourquoi il renvoie à un ou plusieurs autres faisant éclater le carcan du mot seul qui l'exprime, permettant «de passer d'un sens à un autre, mu par un élan, une sorte de ricochet du raisonnement et de l'imaginaire». Alors se créé un réseau fluide en surface, de symbole en symboles, dynamique plus souvent subreptice, qui fait converger vers une unité, par analogie, congruence, correspondance, opposition, rapprochement, complémentarité, similitude, mêmeté, ipséité, un rassemblement de ce qui était en apparence épars.

En somme, la Franc-maçonnerie offre une **«intersymbolité»** à explorer dans sa structure

---

[14] Goblet dAviella, *La migration des symboles,* 1891: <tinyurl.com/migration-symboles>.

holarchique. L'holarchie est une hiérarchie de holons, c'est-à-dire d'éléments qui sont à la fois un tout en eux-mêmes et une partie d'un système plus vaste (mot créé par Arthur Koestler dans son livre *The Ghost in the Machine*). Par exemple, le mythe d'Hiram qui est un mythe complexe car composite, renvoie à d'autres récits traditionnels et peut être décomposé en plusieurs thèmes mythiques, ses holons.

Dire en Franc-maçonnerie qu'ici tout est symbole c'est comprendre l'holarchie de l'ensemble des degrés d'un Rite, voire de tous les Rites maçonniques.[15]

---

[15] Conférence du 22 janvier 2022 de Solange Sudarskis à l'Université maçonnique de Provence, Symboles et rituels, en quoi sont-ils spirituels? (une petite erreur de diction. En entendant le mot "phénoménologie", comprendre qu'il s'agit de la "phénoménalité": <tinyurl.com/symboles-et-spiritualite>.

3 À DEUX ET À DIA

Toute expérience extrême d'intériorité conduit à une expérience extrême de l'absolu dehors

Vous le savez bien: «Deux» est au commencement de toute existence, **il est la séparation**!

«Deux» est donc la relation; on comprend, tout de suite, le problème de la façon dont on va la vivre. La relation demeure soit une opposition irréconciliable dans une «Vision de l'antagonisme des contraires», nous la qualifions «duelle», soit elle est la recherche d'une coexistence dans une unité, dans une «Vision de la conciliation des contraires», nous la qualifions «duale»; dans ce mouvement, les deux termes disparaissent pour laisser place à un troisième terme qui permet de dominer le duel et non de le nier ou de le rejeter.

Le duel envisage uniquement la séparation que la conscience humaine trace dans le monde (les autres, la nature, l'univers) et le moi.

Dans l'Antiquité, c'est sur la base d'une identité sexuelle que se fondaient le statut et la reconnaissance des êtres dans la communauté dont ils étaient membres. L'identité sexuelle déterminait également une série de comportements, d'inclinations, d'attitudes physiques ou mentales et d'aptitudes rigoureusement répertoriées et distribuées différemment entre les sexes; cela impliqua qu'une différenciation stricte entre les sexes fît l'objet d'un souci constant et appliqué.

Le manichéisme est la doctrine religieuse de Manès (Mani) au IIIe siècle, selon laquelle il y a deux principes premiers, le Bien et le Mal.

Un des fondements du manichéisme est de séparer le monde en deux: le royaume de la lumière, royaume de la vie divine, où s'exprime ce qui est de l'éternité et le royaume des ténèbres, royaume de la matière, royaume des morts, où s'exprime ce qui est de l'espace/temps. Par dérivation et simplification du terme, on qualifie aujourd'hui de manichéenne une pensée ou une action sans nuances, voire simpliste, où le bien et le mal sont clairement définis et séparés.

La Franc-Maçonnerie semble avoir admis l'influence gnostique qui affirme, au plan exotérique, que le bien s'oppose au mal, reprenant la séparation tirée à l'excès par Zoroastre, le manichéisme, où tout ce qui n'est pas le bien est négatif. La même idée est exprimée différemment dès l'aube de la Franc-Maçonnerie française. À la question «pourquoi nous rassemblons-nous?», il est répondu par le rituel: «pour élever des temples à la vertu et creuser des cachots pour les vices»[16]. Aujourd'hui encore on entend ce genre de réponses dans les rituels. Ainsi, le dualisme sépare par un cloisonnement moral qui, trop souvent, est enseigné dans

---

[16] Par exemple, dans Le *Recueil Précieux de la Maçonnerie Adonhiramite* de Louis Guillemain de Saint-Victor, chevalier de tous les ordres maçonniques (1786) p11: <tinyurl.com/recueil-precieux2>.

le catéchisme de formation des jeunes maçons, leur laissant croire que le franc-maçon serait, évidemment, du côté exclusif du positif, du bien, de la pureté, de la lumière, saint parmi les saints[17].

Le dual est l'enseignement majeur de la symbolique du décor de la loge, fondement de la formation de l'apprenti. Car là même où l'opposition est dans les apparences, ayant sa raison d'être à un certain niveau ou dans un certain domaine, le complémentaire, le trois, répond toujours à un point de vue plus profond, donc plus conforme à la nature réelle de ce dont il s'agit. Les découvertes de la physique quantique mettent en évidence que la non-séparabilité quantique rejoint en métaphysique le non-dualisme de l'homme et de l'univers[18].

Cependant, deux termes contraires ou complémentaires peuvent être, suivant les cas, en opposition horizontale (comme le soleil et la lune, le masculin et le féminin, J et B, l'orient et l'occident, la droite et la gauche,…), ou en opposition verticale, opposition du haut et du bas (comme la disposition des éléments présents sur le tableau de loge, la voûte étoilée et la loge, l'Unité et le multiple, le visible et l'invisible,…). Dans cette figure, le terme supérieur (le Ciel) est représenté par un cercle (le compas vu comme un simple outil est sur le même plan que l'équerre, il est en haut quand il dessine le ciel) et le

____

[17] Pour comprendre l'hostilité présentée dans les mythes, à partir de la page 165 de l'ouvrage de Goblet d'Alvillia, *L'Idée de Dieu d'après l'anthropologie et l'histoire*, chap. Dualisme: <tinyurl.com/dualisme-et-dieu>.

[18] André Nahum, *Transdisciplinarité et Franc-maçonnerie, Masonica 23,* p.15: <tinyurl.com/dualite-et-univers>.

terme inférieur, la Terre, par un carré (équerre), quant au terme médian (l'Homme), entre compas et équerre, il est aussi représenté par une croix, celle-ci étant le symbole de l'«Homme Universel».

On parle de pensée anagogique. Une pensée anagogique revient à passer de l'apparence perçue par les sens à la signification réelle, symbolique et vitale à l'essence de toute chose.

Marc Halevy utilise le mot bipolarité pour dualité[19]. Une bipolarité est une tension entre deux éléments totalement dépendants l'un de l'autre où l'un ne peut jamais exister sans son autre; très simplement les deux bouts d'un bâton, l'intérieur et l'extérieur de la tasse, le dos et le plat de la main. Il s'agit donc de penser non pas l'identité, non pas la différence, mais l'identité dans la différence de termes qui sont habituellement tenus pour séparés, tels que le sujet et l'objet, le signe et le sens, l'intérieur et l'extérieur, chacun n'étant lui-même qu'en étant l'autre, ce qui exclut toute résidence identitaire close sur elle-même (ethnie, sexe, âge,…). Cette conception tire le dualisme platonicien ou cartésien vers une véritable philosophie de la convergence, dépassant le caractère répulsif des bipolarités pour atteindre à l'associativité évolutive.

La méthode maçonnique fondée sur le symbolisme et l'analogie conduit l'esprit de syncrétisme à saisir l'unité de manière intuitive.

---

[19] Marc Halevy, *Journal philosophique, De l'Être au Devenir*, p.332: <tinyurl.com/journal-philo>.

L'analogie guide et produit du sens. Le semblable est perçu en dépit de la différence, malgré l'apparente contradiction.

Par analogie, les différents niveaux d'interprétations des symboles ne s'excluent pas, mais se complètent; il convient de n'en rejeter aucune, c'est là un des nombreux aspects du «rassembler ce qui est épars». La Franc-maçonnerie n'est-elle pas le lieu d'une quête de l'unité?

Un des enseignements de la transformation du dualisme (conflit) en dualité (harmonie de la relation), est de pacifier les confrontations inévitables en trouvant le terme médian de la réconciliation. Rappelons-nous, en 1986, par leur action concertée, Roger Leray, Grand Maître du Grand Orient de France et les francs-maçons de l'entourage de Jean-Marie Tjibaou et de celui de Jacques Lafleur ont permis les premiers pas des Calédoniens vers la fin de la violence dans leur pays.

Aujourd'hui, entre la générosité de l'accueil des migrants qui excède et la rigueur de ceux qui trouvent que c'est trop, il y a la nécessité difficile de trouver une médiation entre le désir et la loi pour rééquilibrer les hasards destinaux.

L'échange, la communication, créent un courant, un transfert d'énergie (amour, haine, mépris, …), d'information (paroles, gestes, attitudes,…) entre deux ou plusieurs personnes. On ne peut ignorer que dans nos échanges nous sommes tour à tour émetteur ou récepteur. Le franc-maçon sait laisser place, sur ce courant, au silence de l'écoute, au temps et au dit de l'autre, à sa discontinuité, au tiers inclus, ce qui permet l'intégration de l'information, du «met sage», pour une convergence vers l'entente, ou du moins au respect de l'opinion et de la personnalité de l'autre.

«Le tiers inclus est l'axiome dialogique (par exemple onde et corpuscule en physique quantique) rendu possible uniquement par l'existence de différents niveaux de réalité, dans la complexité. Le Tiers inclus – la conscience du subir d'autrui et de ce qui a été potentialisé – devrait aussi générer chez le sujet le sens de sa responsabilité et la découverte des valeurs de l'autre, de la relativité de nos repères»[20].

Si l'ego reste le noyau dur à partir duquel je pense, on pense, ça pense, il y a adjonction donnée par les enseignements d'amélioration intellectuelle, morale et spirituelle de la Franc-Maçonnerie, qui font du franc-maçon au quotidien un acteur avec l'équilibre, la patience, la bienveillance, la profondeur et la justesse d'une pleine conscience, mettant à l'épreuve, à chaque fois, son caractère et sa nature. **C'est un besoin d'épanouissement de notre plein potentiel, qui peu à peu se révèle comme une nécessité de se dépasser à chaque épreuve de la vie en restant un être de dignité pour soi et pour les autres.** Le respect dialogal est une de ces expériences les plus courantes qui permet d'attester des qualités d'un franc-maçon.

Le travail du franc-maçon ne se fait pas qu'en loge, il se fait surtout à chaque instant de sa vie. La dualité noire et blanche du pavé mosaïque, c'est l'échiquier de la vie où tous les coups sont permis. À la fin du chemin, la mort attend inéluctablement, mais le chemin de funambule

---

[20] Judith Patouma, Le Tiers inclus, un outil de compréhension des tensions relationnelles, p.3: <tinyurl.com/tiers-inclus>.

entre les cases, ou le parcours sur ses différentes cases en tous sens témoignera des expériences d'échecs et/ou des réussites humaines de chacun où le bien, le «bi-Un», rassemble le «deux» pour faire «un» par l'esprit du cœur exemplaire qui accueille en lui-même le tout autre[21].

Et si la sagesse du franc-maçon était surtout un apprentissage de la séparation?

---

[21] Lire l'ouvrage fondamental de Martin Buber pour penser l'altérité et la réciprocité: *Je et tu*, 1923 et visionner la conférence *Martin Buber, un judaïsme en dialogue*: <tinyurl.com/judaisme-en-dialogue>.

4 LA PORTE, UNE OUVERTURE QUI FERME

Toute initiation est un cheminement de passages qui, pour symboliques qu'ils soient, se réalisent par un passage matériel que le rite va mettre en scène, la porte en est l'exemple.

Ouverture dans l'enceinte sacrée du temple, elle est à la fois élément de séparation et de protection face à l'extérieur et moyen de passage liminaire.

Pour échapper à l'horreur du réel de la marche du monde, le franc-maçon va projeter [derrière une porte] sur un individu ou un groupe (la Loge), un imaginaire de famille aimante et parfaite (ce qui est rarement le cas dans l'histoire du sujet !), allant jusqu'à mettre en place un mode de fonctionnement qui intègre cet imaginaire comme démarche symbolique, donc une forme de religiosité effective ou laïque. Nous sommes bien là, reconnaissons-le, dans le fonctionnement inconscient de la Franc-Maçonnerie, où règne le sentiment d'avoir échappé à la *«canaille»* et donc d'être des êtres moraux par excellence! [22]

Du torii - précédant l'entrée des temples shintoïstes - au portique grec, des portes de pierre égyptiennes - dans les mastabas - improprement appelées fausses portes alors qu'elles sont des portes de vérité, au jubé des cathédrales, chacune de ces représentations est une invite à tenter un passage. Le symbole propose une incitation à changer de nature, à savoir: oser franchir le seuil et passer dans une nature inconnue, oser affronter un monde invisible non exempt de dangers.

«Janus est d'abord le dieu de toutes les portes: des portes publiques (*jani*), sous lesquelles passaient les routes, et des portes privées. Il a donc pour insignes la clé qui ouvre et ferme la porte, et la baguette (*virga*) dont les portiers se servent pour écarter tout ce qui ne doit pas franchir le seuil. Ses deux visages (Janus bifrons) lui permettent de surveiller le dehors et l'intérieur du logis, comme l'accès et la sortie des portes publiques»[23].

Lors de la cérémonie d'initiation, le récipiendaire, sous le bandeau, entend le bruit de chaînes qui tombent avant que la porte ne lui soit ouverte. Ces chaînes sont les gardiennes du seuil.

Devenu franc-maçon, il comprendra à quelle invite ce geste l'engage: à se libérer lui-même de ses chaînes, à s'émanciper. Si la liberté de conscience est aisée en loge, il faut aujourd'hui beaucoup de courage au prix de la vie

---

[22] Michel Baron, *De mal en pis...* <450.fm/2023/12/07/de-mal-en-pis/>.

[23] *Le dieu des portes et des passages*: <tinyurl.com/Janus-dieu-des-portes>.

(que certains ont donnée, ou plutôt qui leur fut prise) pour porter dans le monde profane le combat pour la liberté de conscience.

L'entrée de la basilique de la Nativité à Bethléem est une porte basse, pour interdire l'entrée des cavaliers mais aussi parce qu'il faut se faire petit pour entrer dans le mystère de Jésus[24].

Les portes des églises sont placées selon des points cardinaux de l'édifice

– Celle du Nord, par laquelle on entre dans le temple, donne accès à la plénitude.
Elle est parfois appelée celle des alchimistes. Elle filtre les métaux déposés devant elle pour être transmutés et préserve ainsi l'espace sacré de tout conditionnement. Elle révèle les origines et portait au Moyen âge des scènes de l'Ancien Testament. L'impétrant est passé par-là. L'ouverture est alors très basse, rappelant l'humilité et le courage nécessaires pour entamer le chemin comme pour le poursuivre.
– Celle du Midi est source d'éveil, de lumière révélée en action.
Au Moyen Âge, elle portait des scènes du Nouveau Testament. Elle permet de voir et comprendre les mystères de la création.
- Celle d'Occident, entre les colonnes, récupère l'énergie accumulée dans le temple et charge d'énergie la communauté qui sort vers la salle du banquet.

---

[24] Vidéo, *La porte bassede la basilique de la Nativité à Bethléem*: <tinyurl.com/la-porte-basse>.

Le Verbe régénéré par l'Œuvre va pouvoir illuminer cette salle puis le monde extérieur à la fin du processus alchimique. Cette porte, souvent dite de la mort (elle portait au Moyen Âge des scènes de la résurrection des morts et du jugement dernier), permet de rejoindre l'Océan des origines d'où nous venons. Chaque initié y passe au jour de son décès, accueilli par la Veuve, pour affronter une ultime épreuve qui le fera soit retourner à l'indifférenciation, soit retourner à sa cause pour s'y fondre et participer de la lumière éternelle. C'est donc aussi la porte de la Veuve en tant que grande gestatrice, matrice de la vie, à la fois mère et mort (deux mots anagogiquement synonymes).

– L'incréé est derrière celle d'Orient.

De là jaillit la lumière primordiale, d'une intensité si puissante qu'elle est insoutenable à la conscience humaine. Elle est l'ouverture du ciel que l'on déverrouille par les rituels pour rendre présent le divin. Il n'y a pas d'accès direct à l'Orient Éternel. Elle est infranchissable humainement. Elle ne peut laisser passer ce qui est né, ce qui est fini, ce qui est corporel.

En hébreu, le mot porte, *daleth* (ד ל ת), montre avec ses lettres: l'ouverture avec daleth ד (lettre en forme d'équerre, qui indique la rectitude.), le cheminement avec lamed ל (signe altier qui se déroule vers le haut, lamed est l'envol de la connaissance par l'étude et l'enseignement qui ne sont jamais terminés) et l'aboutissement avec tav ת (d'après la kabbale, la lettre tav est composée de deux lettres, daleth ד et noun נ: elle aurait ainsi comme sens immédiat, la porte de la connaissance primordiale oubliée).

«Baissez-vous, la porte est basse» est une rituélie introduite en Franc-Maçonnerie en 1895.

Si le récipiendaire, aveuglé par le bandeau, se baisse pour passer, il y a alors une relation de qualité, de sujet à sujet, qui échange des informations constructives. Il n'est plus seul comme dans le cabinet de réflexion. En se baissant pour passer la porte basse, il rend sensible sa confiance sous forme d'un acte qui n'est pas obéissance mais entendement et compréhension. Il se met en relation avec une forme du monde qui l'environne; il s'y adapte, il tient compte de ce qui lui est extérieur en se modifiant pour se conformer à une unité harmonique. Ainsi l'humilité vécue par l'impétrant n'est pas une humiliation, mais une épreuve de savoir-faire par une réponse de réalité adaptée à une parole qui ne commande pas mais qui recommande.

Cette notion de porte basse n'existe pas aux RER, RÉ, RY, RSE/RÉÉ.

Connaître la porte, c'est connaître le chemin. On ne sait ce qu'il y a derrière. Le Secret est donc un concept lié à elle. Mais elle détermine une direction et la nature de ce qui s'ouvre devant soi. Son nom révèle le sens de ce qu'il y a au-delà d'elle. L'intelligence du cœur est le seul moyen de la nommer. En Franc-Maçonnerie, celui que l'on est appelé à découvrir derrière la porte n'est rien d'autre que soi-même, c'est-à-dire l'être vrai. Les degrés sont des avancées dont l'attribution est une porte ouverte sur ce chemin[25].

---

[25]Vidéo, Christiane Singer, *Une conspiration contre la liberté spirituelle*: <tinyurl.com/la-liberte-spirituelle>.

5 LA CLEF POUR OUVRIR OU FERMER?

> «La Connaissance ultime est comme une maison aux dix mille portes qui posséderaient chacune sa clé. Toutes sont données à l'être humain, mais une vie entière ne lui suffira pas à trouver la bonne clé de chaque porte».

Pour ouvrir une porte, une clef peut être indispensable…

La clef, c'est la forme exquise de la serrure, elle ouvre et elle rend compte en plein du creux auquel elle s'adapte (Comme le dit Michel Serres)**. L'en creux étant le «féminin» et l'en bosse le «masculin».

Chez les anciens, la clé était un symbole de silence et de circonspection ; et c'est ainsi que Sophocle y fait allusion dans l'Œdipe Colonée (ligne 105), où il fait parler le chœur de « la clé d'or qui était tombée sur la langue du Hiérophante au service des mystères d'Eleusis — Callimaque dit que la prêtresse de Cérès portait une clé comme enseigne de sa fonction mystique.

La clef est l'un des symboles les plus anciens de la Franc-Maçonnerie[26], même si certains rituels n'y font plus référence. Que ce soit en maçonnerie opérative ou spéculative, la clef telle qu'elle est évoquée donne l'idée qu'elle est cachée et sans la possession de laquelle on ne saurait avoir accès à un secret ou un mystère conservé tantôt dans un lieu à ouvrir (la loge) tantôt dans une partie du corps (cœur, poitrine,…).

On comprend que garder les secrets du métier dans la maçonnerie opérative était très important, la clef prend naturellement comme allégorie la langue et la boîte d'os les dents. Dans *A Mason's Confession* de 1727, on lit: «Q. Où gardez-vous la clé de votre loge? R. Entre ma langue et mes dents, et sous un repli de mon foie, où se trouvent tous les secrets de mon cœur; car si je dis quoi que ce soit dans la loge, ma langue doit être retirée de sous mon palais et mon cœur le sera de sous mon aisselle gauche, et mon corps doit être enterré dans la marque de la mer, où il reflue et coule deux fois en vingt-quatre heures. Q. Quelle est la clé de votre loge? A. Une langue bien accrochée»[27].

L'endroit où trouver la clef a des variantes selon les catéchismes maçonniques. Cela est évoqué dès le premier degré jusqu'en 1745 où elle apparaît dans les catéchismes

---

[26] Mentionné dans l'*Edinburgh Register House Manuscript* de 1696: "Q: 13 where shall I **find the key of your lodge**, yes [? = Ans] Three foot and an half from the lodge door under a perpend esler, and a green divot. But under the lap of my liver where all my secrets of my heart lie Q: 14 Which is the key of your lodge Ans: **a weel hung tongue** Q: 15 where lies the key Ans: **In the bone box**: <tinyurl.com/Edinburgh-manuscript>.

[27] <tinyurl.com/Dundee-Manuscript>.

de compagnon puis de maître. Il s'agit tantôt «dans une boîte d'os, placée soit à un pied et demi de la porte de la loge», soit «dans une boîte close ou sous un pavage à trois coins soit à un pied et demi de la porte de la loge», soit «dans une boîte d'os avec un poil hérissé» dans un coffre de corail[28].

Sur de nombreux anciens tracés de tableau de loge, la clef est montrée suspendue à l'échelle de Jacob. Cela l'associe clairement avec les vertus de la Franc-Maçonnerie représentées par les échelons. «Q. Avez-vous des secrets de maçons? R. Ils en ont, beaucoup de précieuses. Q. Où les gardent-ils? Répondez dans leurs cœurs. Q. À qui les révèlent-ils? Ne répondez à personne mais aux frères et aux francs-maçons. Q. Comment les révèlent-ils? Répondez par des signes, des jetons et des mots particuliers. Q. En tant que maçons, comment espérons-nous les atteindre? R. À l'aide d'une clé…. Q. Pourquoi la préférence est-elle accordée à la suspension? R. Elle doit toujours être suspendue pour la défense d'un Frère et ne jamais mentir à ses préjugés. Q. Qu'est-ce que ça tient? R.e Le fil de la vie, dans le passage de l'énoncé, entre Guttural et Pectoral. Q. Pourquoi si proche du Cœur? R. Étant un index de l'esprit, il ne doit prononcer rien d'autre que ce que le cœur dicte vraiment. Q. C'est une curieuse clé, de quel métal est-elle composée? R. Pas de métal, c'est la langue du bon rapport».

La clef prend le sens de discrétion (garder le secret), de clef de lecture pour comprendre le texte sacré, une promesse et une espérance d'un accès possible vers le

---

[28] Hugues Berton et Christelle Imbert, *Les enfants de Salomon*, éd. Dervy, 2015, p.366, 478 et suivantes, 906, et surtout p.913.

Mystère. L'espérance, cette vertu théologale, symbolisée par l'ancre tenue de la main gauche par l'allégorie féminine, est associée à la clef suspendue sur le tableau de Loge du 1er degré peint par Josiah Bowring en 1819. «L'homme doit être fixé à cette espérance comme l'ancre est elle-même attachée au vaisseau. Mais il y a cette différence entre l'ancre et l'espérance, que la première est jetée au fond de la mer, tandis que la seconde est accrochée en haut, c'est-à-dire en Dieu»[29].

Peut-être cette clef est-elle en rapport avec **la clef de David**, la référence christique se trouve en Apocalypse 3, 7: Et à l'ange de l'Église qui est à Philadelphie, écris: Voici ce que dit le Saint, le Véritable, Celui qui a la clef de David; Celui qui ouvre et personne ne fermera, et qui ferme et personne n'ouvrira. C'est dire que la foi en Jésus est la clef car en Jean 10, 7, 9 il est écrit: «7 Jésus dit encore: «Oui, je vous le déclare, c'est la vérité: je suis la porte de l'enclos des brebis. 9 Je suis la porte. Celui qui entre en passant par moi sera sauvé.

On peut, aussi, lire dans *Maçonnerie disséquée* de Prichard en 1730[30]: «Où gardez-vous ces secrets? A. Sous mon sein gauche. Q67 Avez-vous une clé de ces secrets? R. Oui. Q68 Où le gardez-vous? A. Dans une boîte en os qui ne s'ouvre ni ne se ferme mais avec des clés en ivoire. Q69 Est-ce qu'il pend ou est-ce qu'il ment? R. Il pend. Q70 À quoi s'accroche-t-il? A. Une ligne de remorquage de 9 pouces ou une portée. Q71 De quel métal est-il? A. Aucune manière de Métal du tout, mais une Langue de

---

[29] Saint Thomas d'Aquin.

[30] *Maçonnerie disséquée* de Prichard, 1730: <tinyurl.com/rituel-Prichard>.

Bon Rapport est aussi bonne derrière le Dos d'un Frère que devant son Visage..»

Le secret trouvé grâce à la clef est la Connaissance des signes paroles et attouchements qui permet d'ouvrir les portes de toutes les loges des 3 premiers degrés et, dès l'apparition du 3ème degré, le secret sera la parole perdue.

En son temps Mackey faisait remarquer que, dans de nombreuses loges allemandes, une clé en ivoire fait partie des vêtements maçonniques de chaque frère, pour lui rappeler qu'il doit enfermer ou cacher les secrets de la franc-maçonnerie dans son cœur.

De nos jours, la clé n'est rencontrée que comme le joyau du trésorier, vraisemblablement pour l'encourager à garder les fonds de la Loge en sécurité. La clef d'ivoire n'apparaît comme symbole qu'au 4ème degré du Rite Écossais Ancien et Accepté, elle est posée sur le Livre de la Loi sacrée, et pend à l'extrémité du sautoir du Maître Secret.

En alchimie, les opérations de *solve et coagula,* correspondent à ce que la tradition chrétienne désigne comme le «pouvoir des clefs»; celui de lier et de délier (*potestas ligandi et solvendi*). Leur pouvoir est celle d'une clé en or (correspondant au pouvoir spirituel) et une clé en argent (correspondant au pouvoir temporel).

Les mots de passe sont des clefs de passage[31].

----

[31] Voir le *chapitre Mots de passe* du livret *Luminescence des paroles et des silences* de la Collection Vagabondages maçonniques.

6 L'IMPASSE ET PAS L'AUTRE

On aurait pu croire que l'universalité idéale voulue par la Franc-Maçonnerie aurait échappé aux discriminations. Et pourtant!

À Éleusis, bien que réservée à l'origine aux Athéniens, l'initiation s'ouvre après les Guerres médiques aux Grecs et aux femmes, puis, à l'époque romaine, aux «barbares» que sont notamment les Romains. Seuls les esclaves (et encore...), les hétaïres ou concubines qui offraient des services sexuels, les meurtriers, les voleurs et tous ceux qui étaient frappés de souillures, de conspiration ou de trahison en étaient exclus. Pour être initié, il fallait donc être libre et de bonnes mœurs: lors de la proclamation initiale, on demandait aux futurs mystes la «pureté des mains et de l'âme», ainsi que la qualité d'hommes civilisés, une qualité attestée au départ par le statut d'homme libre, puis par le langage (qui prouvait qu'on savait parler grec)[32].

---

[32] Claire Reggio, *La Franc-maçonnerie héritière des cultes à mystères?*

Jusqu'à la fin du XIXe siècle, l'**«intersectionnalité»** (comme dans les mystères d'Éleusis) fut une nette caractéristique de la Franc-Maçonnerie. Yves Hivert-Messeca dans sa conférence au Musée du Louvre, 2017 *Succès de l'art Royal et limites de la fraternité universelle* aborde les exclusions suivantes: *les pauvres et les paysans, les femmes, les exclus raciaux, les Juifs, Les musulmans, les esclaves, les noirs & sang mêlés, les exclus physiques, les artistes et musiciens, les homosexuels, les libertins et athées.*

Au siècle des Lumières marqué par un engouement sans borne pour la physiognomonie, **on estime que l'anormalité physique reflète l'anormalité morale**. Cette croyance a pour elle la force de la tradition, car dès l'antiquité classique l'anormalité physique est interprétée en ce sens.

Concernant les maçons opératifs, la plus vieille mention des interdits physiques se trouve dans l'article 5 du *Manuscrit Régius* (environ 1390): L'apprenti doit être de naissance légitime. Le maître ne doit, en aucun cas prendre un apprenti qui soit difforme; cela signifie qu'il doit avoir ses membres entiers. Pour le métier ce serait une honte d'engager un bancal, un boiteux, un invalide au sang impur, ce serait préjudiciable. *The old Constitutions Belonging to the Ancient and Honourable Society of Free and Accepted Masons* de 1722 utilisent une expression très générale pour autoriser l'entrée d'un nouveau membre «able body», «corps capable». On retrouve plus de détails dans des textes postérieurs comme en 1736 dans les Constitutions hollandaises.

Dans l'édition révisée des Constitutions de 1738, Anderson a modifié le texte de la troisième Obligation ainsi: «Les Hommes faits Maçons doivent lire Nés libres (ou non Serfs) d'âge mûr et de bonne Réputation, robustes et sains, sans déformation ni mutilation au moment de leur admission. Mais ni Femme, ni **eunuque**».

En 1756, la Grande Loge des Anciens, rivale récente de la première Grande Loge d'Angleterre, promulgue, sous la plume de son secrétaire général Laurence Dermott, ses propres constitutions sous le titre d'*Ahiman Rezon* définissant un franc-maçon au troisième devoir (des loges) de la sorte: «Les hommes admis parmi les francs-maçons doivent être nés libres (ou hors servage), d'âge mûr, de bonne renommée; **sains de corps, sans difformité des membres** au moment de leur admission; on n'admet ni femme ni **eunuque**». Cela n'est pas sans rappeler le verset 2 du chapitre 23 du Deutéronome: «Celui qui a les génitoires écrasés ou mutilés ne sera pas admis dans l'assemblée du Seigneur.»

Pratiquement, cette règle se traduira au XIXe siècle par la proscription normative des «sept B»: bâtards, bègues, bigles, borgnes, boiteux; bossus, bougres (sodomites).

Dans la pratique de l'Art royal, les ateliers maçonniques du XVIIIe siècle estiment tout autant que le Grand Architecte ne saurait être que le dieu des chrétiens et la religion universelle celle du Christ. La conséquence est immédiate, la porte du temple, que laissaient théoriquement largement ouverte les Constitutions, se referme devant les musulmans. Lorsque le chevalier Pierre de Sicard fonde L'Union des Cœurs à l'Orient de Liège, il prend soin de préciser en l'article VI des Règlements de la loge que le temple est interdit «aux

Juifs, Mahométans et Goths et autres qui ont la circoncision pour baptême - exemple d'association entre altérité religieuse et altérité physique.

L'atelier *L'Anglaise de Bordeaux*, soucieux de s'afficher comme le champion de l'orthodoxie maçonnique, dénonce à la même époque et avec la même vigueur la corruption de la communauté fraternelle par les comédiens, les jongleurs et les juifs. À Londres, la «première référence clairement établie d'un franc-maçon spéculatif juif» remonte à 1732. La vigilance des ateliers métropolitains à l'égard du juif qui pourrait s'introduire dans le temple maçonnique et le profaner trouve son pendant colonial, dans l'obsession des blancs à maintenir les hommes de couleur à bonne distance[33]. Si la Société des Amis des Noirs compte parmi ses membres nombre de francs-maçons, elle ne peut guère empêcher la dérive venue des colonies, cette obsession des Blancs à ne pas accepter Noirs et mulâtres. Quant aux juifs, ils ne peuvent espérer intégrer la Franc-Maçonnerie s'ils ne renoncent en préalable à leur religion.

Si la *Société des Amis des Noirs* compte parmi ses membres nombre de francs-maçons, elle ne peut guère empêcher la dérive venue des colonies, cette obsession des Blancs à ne pas accepter Noirs et mulâtres. Quant aux juifs, ils ne peuvent espérer intégrer la Franc-maçonnerie s'ils ne renoncent en préalable à leur religion. Juifs, Nègres et

---

[33] Extraits du texte de Pierre-Yves Beaurepaire, *Études Fraternité universelle et pratiques discriminatoires dans la Franc-Maçonnerie des Lumières, Revue d'histoire moderne et contemporaine*, tome 44 N°2, Avril-juin 1997. pp. 195-212: <tinyurl.com/discriminations-en-FM>.

musulmans sont devenus «d'Autre absolu» au moment même où francs-maçons catholiques et francs-maçons protestants ont difficulté à dialoguer dans la sérénité.

On peut remarquer à cette époque que les juifs font aussi l'objet d'un rejet: à Marseille, la loge de *La Parfaite Sincérité* stipule dans l'article 12 de ses Statuts et Règlement que «tous profanes qui auraient le malheur d'être juifs, nègres, ou mahométans ne doivent point être proposés». Trois ans plus tôt, le 20 mai 1764, la loge toulousaine de La Parfaite Amitié avait déjà décidé «de ne pas recevoir les juifs dans la loge»[34].

Les Constitutions d'Anderson (1723), en interdisant aux femmes l'admission en Franc-Maçonnerie, instituent *de jure* une situation *de facto*. Au début du XVIIIe siècle, l'instruction, le pouvoir, la représentativité étaient uniquement masculins et l'on doutait encore à cette époque qu'une femme puisse avoir une âme. En fait, elle était considérée comme légalement mineure, donc non libre de l'autorité de leur père ou mari. Alors comment imaginer une femme en Franc-Maçonnerie!

Pourtant, si les francs-maçons étaient les continuateurs des guildes de bâtisseurs, l'existence de femmes est attestée dans les corporations médiévales de bâtisseurs à Paris en 1292! Toutefois, quelques rares femmes

---

[34] Pierre-Yves Beaurepaire, *L'exclusion des Juifs du temple de la fraternité maçonnique au siècle des Lumières.*

surprirent «les secrets» et furent invitées à prêter les serments, plutôt qu'elles ne furent initiées[35].

En 1929, la Grande Loge Unie d'Angleterre édicta ses *Principes de base* qui sont toujours en application parmi lesquels apparaît très nettement la séparation homme/femme: «que les membres de la Grande Loge et des Loges individuelles soient exclusivement des hommes, et qu'aucune Grande Loge ne doit avoir quelque relation maçonnique que ce soit avec des Loges mixtes ou des obédiences qui acceptent des femmes parmi leurs membres».

Juiverie et féminisme social sont étonnamment associés par le même mépris fielleux dans un article d'avril 1942, signé Jean Marquès-Rivière, paru dans la revue *Les Documents maçonniques*. Parlant de la Maçonnerie d'adoption, il écrivait: «Les Loges féminines étaient devenues surtout des centres de ralliement d'institutrices sectaires en mal d'avancement, des sages-femmes en quête de clientes et d'avocates en instance de dossiers. Ajoutons-y la coloration habituelle des Loges maçonniques, cet élément juif qui devint le soutien, l'inspirateur et le ferment de la maçonnerie…
Le nombre des sœurs Lévy, Cohen, ces Rébecca possédaient les postes de direction, les leviers de commandes des Loges d'adoption».

Aujourd'hui, peut-on penser qu'il n'y a plus de discrimination dans la Franc-Maçonnerie?

---

[35] *Irish Masonic History and the Jewels of Irish Freemasonry, Élisabeth Aldworth née Saint Léger*: <tinyurl.com/elizabeth-femme-fm>.

Si certains soulèvent encore le problème démagogique profane de la mixité des Loges, pour ma part, avec Charles Arambourou: «je réclame sur le plan du droit la possibilité pour toute Obédience de tenir le fait de l'identité sexuelle comme suffisamment déterminante pour choisir la non-mixité. Je le réclame avec d'autant plus de force que ce que je nomme une particularité déterminante n'établit en rien une discrimination puisque, encore une fois, de nombreuses obédiences proposent aussi un type de sociabilité mixte [ou féminin»[36].

C'est bien là la Franc-Maçonnerie d'aujourd'hui, puisque, **quelle que soit sa différence**, tout postulant peut trouver des Loges maçonniques qui accepteraient de l'accueillir, sous réserve de respecter et d'affirmer leur liberté à se retrouver dans les conditions qu'elles souhaitent.

Les «woke» voudront-ils vouloir supprimer la Franc-Maçonnerie pour son passé?

---

[36] Débat: Sur la non-admission des femmes au Grand Orient de France (II), à propos de quelques tartufferies progressistes, *La loge mixte, un autre type de sociabilité*: <tinyurl.com/loge-mixte>.

7 LA DIAGONALE, SYMBOLE DE LA FRANC-MAÇONNERIE

Voici un fou! – Mais, comment le reconnaissez-vous? – On le reconnaît pour tel parce qu'il se déplace en diagonale sur l'échiquier!

On appelle diagonale le segment de droite qui joint les sommets non consécutifs d'un polygone dont le nombre de côtés est supérieur à trois.

À partir de cette définition, la diagonale s'offre à notre réflexion sous deux aspects paradoxaux: premièrement, **ce segment partage, sépare l'espace en deux**, comme son nom l'indique avec son préfixe «dia» que l'on retrouve dans diabolique. Deuxièmement, **il joint ce qui est opposé**. Troisièmement, la diagonale est aussi cet espace intermédiaire, un pont, qui permet de passer d'un point à un autre, d'une situation à une autre, enfin d'un état à un autre; **c'est la passerelle qui relie les choses entre elles.**

La Franc-maçonnerie est semblable à une diagonale!

La diagonale et les opposés

Dans une vision dualiste de l'antagonisme des contraires, **la diagonale, serait comme un pavé mosaïque**. La Franc-maçonnerie semble avoir admis l'influence gnostique qui affirme, au plan exotérique, que le bien s'oppose au mal, reprenant la séparation tirée à l'excès par Zoroastre, le mazdéisme et le manichéisme pour lesquels tout ce qui n'est pas le bien est négatif. Le Diable, du latin *diabolus*, du grec Διάβολος, signifie «diviser» ou «séparer», il est l'esprit du mal. La même idée est exprimée différemment dès l'aube de la Franc-maçonnerie française. Dès 1749 en effet, *Le Nouveau Catéchisme* de Travenol répond à la question «que venez-vous faire en Franc-maçonnerie?», «On y creuse des cachots pour le vice et on y élève des temples à la vertu». Aujourd'hui encore on entend ce genre de réponses dualistes dans les rituels. Le dualisme sépare par un cloisonnement moral qui, trop souvent, est enseigné dans le catéchisme de formation des jeunes, leur laissant croire que le franc-maçon serait, évidemment, du côté exclusif du positif, du bien, de la pureté, de la lumière, saint parmi les saints. Cette démarche est à l'opposé de la quête initiatique et fraternelle qui rassemble ce qui est épars.

«La route établit la connexion entre des points qui ignorent qu'ils sont le même».

Dans une vision duale de la complémentarité des contraires et de leur coïncidence dans l'unité, la diagonale serait le troisième terme, médian et transcendant, **elle**

serait comme un delta lumineux. C'est l'enseignement majeur de la symbolique de tout le décor de la loge, fondement de la formation de l'apprenti. Elle est manifestée dans le ternaire qui est constitué par un principe premier dont dérivent 2 termes complémentaires, non duels mais duals. Car là même où l'opposition est dans les apparences et a sa raison d'être à un certain niveau ou dans un certain domaine, le complémentaire répond toujours à un point de vue plus profond, donc plus conforme à la nature réelle de ce dont il s'agit. C'est ce que dit le *Zohar,* le livre de la Splendeur de la Kabbale: «Trois sortent d'Un. Un est dans Trois. Un est au milieu de Deux et Deux embrasse celui du milieu et celui du milieu embrasse le monde». Une illustration en est donné par la diagonale qui traverse le cercle (un diamètre joint deux points opposés sur le cercle), le divisant en deux, évoquant le ternaire alchimique du Sel, du Soufre et du Mercure qui expriment ensemble le véritable équilibre. C'est à cet équilibre que le profane doit tendre afin de se régénérer, équilibre indispensable au processus alchimique de formation de la pierre philosophale trouvée dans le cabinet de réflexion. Le sel, l'agent équilibrant le Soufre, l'énergie expansive, principe actif masculin et le Mercure, l'énergie attractive, principe passif féminin, ont pour symbole, justement, le cercle divisé en deux par une diagonale, image parfaite de l'équilibre.

Parce qu'elle divise et joint en même temps, la diagonale recouvre **la même portée allégorique que le mot «schibboleth»**. Évoquer l'un, c'est évoquer l'autre.

La lettre vav, qui signifie «avec, et», peut prendre une forme de diagonale. Chaque lettre a son mot à dire dans le lieu où elle prend place. Ainsi, *Vav* sépare, dans la lettre *aleph* א, deux yod; un yod au-dessus et un yod en-dessous, rappelant toutes les séparations duales de la création de la Genèse. Ce qui est intéressant c'est qu'*aleph* est le signe, l'image et la valeur de l'unité indicible, de l'unité cachée. Cela se comprend d'autant mieux que la valeur guématrique des deux yod et du vav est de 26 comme celle du tétragramme יהוה. Mais ce qui est dit par la présence de la diagonale (le vav) dans l'image de la lettre aleph, c'est que aleph contient implicitement la dualité, le Deux[37].

Parce qu'elle a des propriétés géométriques particulières, la diagonale fut glorifiée et tenue longtemps pour un secret initiatique, tant par les opératifs que par les premiers spéculatifs; **ce secret est dissimulé dans la pierre cubique à pointe**; ce secret est aussi celui des mesures conduisant à la proportion divine.

La diagonale et la pierre cubique à pointe

La diagonale est le fondement d'une méthode simple pour tirer l'élévation d'un plan, secret technique des Maîtres Architectes: la dimension du côté d'un carré est la diagonale d'un carré dont la surface est la moitié du carré d'origine; ainsi se dresse le pinacle, chaque palier étant égal à la moitié du précédent.

Depuis, ce secret, a bien sûr été découvert et révélé. C'est ce qu'a fait l'architecte Villard de Honnecourt, puisqu'on

---

[37] Vidéo, Frank Lalou, *Les lettres hébraïques*: <tinyurl.com/lettres-hebraiques>.

trouve deux dessins à ce sujet sur la planche 38 de son fameux carnet: l'un de ces dessins a pour commentaire:

~. Par ce moyen on fait un cloître égal à son préau c'est-à-dire que la surface du carré central est égale à la surface du couloir qui l'entoure.

~. Par ce moyen on fait une pierre pour que les deux moitiés soient pareilles, c'est-à-dire, car il n'est pas question de couper une pierre en deux, par ce moyen, comment diviser un carré pour en obtenir un autre qui soit égal à sa moitié.

Ce secret est dissimulé dans la **forme de la bavette du tablier** de l'apprenti et dans celle de la pierre cubique à pointe, moyens mnémotechniques d'un tel tracé.

La pierre cubique à pointe ne se rencontre qu'au Rite Écossais Ancien et Accepté et au Rite Français. La plupart des autres Rites, les Rites anglo-saxons entre autres, l'ignorent totalement.

Les tableaux de Loge du XVIIIᵉ siècle représentent clairement que tout itinéraire initiatique correspond à la transformation de la pierre brute en pierre cubique à pointe. Cette image de l'ascension vers la Transcendance correspond aussi à la recherche de la pierre philosophale. Justifiant que cette pierre soit un des bijoux immobiles, Jules Boucher nous en explique sa valeur propédeutique: «da Pierre placée sous la hache pour indiquer son caractère sacré, reste «cubique «bien que surmontée d'une pyramide qui la protège de l'Eau, comme la hache la protège du Feu (de la foudre). Cette Pierre représente l'idéal maçonnique qu'il faut sans cesse défendre contre l'Eau et le Feu; la première représentant les forces dissolvantes, le second les forces par trop «sublimisantes».

Le Maçon doit se tenir dans un juste milieu avec sûreté et rectitude».

Sur le tapis de loge du grade de compagnon, une hache est plantée sur la pierre cubique à pointe. La Pierre est placée *sub ascia*, sous la hache, pour indiquer son caractère sacré dit Jules Boucher. En alchimie, de nombreux ouvrages livrent le sens du symbole de la hache qui est le même que celui de l'épée, du poignard ou du marteau. Ces armes blanches désignent les larmes blanches du sel blanc (petites gouttes) qui hache la matière. La pierre cubique à pointe devient, par cette interprétation, l'indication pour le compagnon d'entrer dans la voie de l'alchimie.

Le sommet de la pierre cubique à pointe est assimilable à un omphalos, une représentation visible et concrète du centre du monde, point de rencontre du manifesté et du non-manifesté.

La pointe inversée, à l'intérieur, du pyramidion, points de croisement des diagonales du cube, indique le **centre de la pierre**.

Un des secret des constructeurs serait de rectifier la Pierre pour essayer d'en faire un «diamant», jusqu'à en trouver le Centre. Ce Centre qui, sous une autre formulation et par simple antimétabole du langage codé des alchimistes, est peut-être ce que la symbolique appelle «la Pierre Cachée», indiquant qu'en réalité la quête consiste à rechercher «ce qui est caché dans la pierre».

La diagonale et la proportion divine

Le nombre d'or est la proportion qui n'existe que dans la mise en relation de la dimension de deux éléments ayant un rapport d'harmonie entre eux tel que [a/b = (a+b)/a]. À partir du double carré, de nature lunaire, et de sa diagonale se construit le carré long, appelé rectangle d'or, de nature solaire. Le carré long est un carré de gestation de passage qui permet de tracer, entre autres, la spirale; c'est un carré matrice.

Si le rectangle d'argent de dimension 1 sur 2, image du lieu de culte, formalise la communion des hommes avec le Divin, **le rectangle d'or**, carré long de proportion dorée, **illustre** une autre notion, celle de **la fraternité des hommes entre eux**. Si on prend un rectangle d'or et qu'on lui retire un carré construit sur son petit côté, on obtient un autre rectangle d'or plus petit mais de même proportion, duquel on pourra, encore, détacher un carré pour obtenir un autre rectangle d'or et ainsi de suite à l'infini. De même, si on ajoute à un rectangle d'or un carré construit sur le plus grand côté, on obtient un nouveau rectangle, plus grand et respectant à son tour les mêmes proportions. Par analogie, les frères et sœurs, passés à l'Orient éternel, sont les carrés qui se détachent; les nouveaux compagnons, avec la taille de leur pierre cubique (carré), s'incorporent à un rectangle doré pour former un nouveau rectangle doré plus grand.

Dans un triangle rectangle, le carré de l'hypoténuse, on pourrait dire *le carré* de la diagonale, *est égal à la somme des carrés des deux autres côtés.*
La géométrie ne peut se passer de mise en relation des formes. Elle est une leçon ontologique et spirituelle de l'idéal social. Ce théorème de Pythagore est inscrit, sous forme géométrique, entre les deux personnages

principaux du frontispice de la première édition des *Constitutions* d'Anderson de 1722.

Encore de nos jours, on en retrouve la symbolique dans l'équerre du bijou porté par le Vénérable maître, témoignant, pour la diagonale, de **son importance centrale dans la pensée maçonnique.**

Au fait, votre fou n'est pas le seul à se déplacer en diagonale! Le pion, la reine ou le roi peuvent le faire aussi; mais s'il est un fou, il est vrai qu'il ne peut se déplacer qu'en diagonale.

8 MASCULIN/FÉMININ

Genus masculinum complectitur femininum

Dans la plupart des langues, l'homme et la femme sont désignés par des racines différentes; ce qui renforce la représentation des sexes comme distincts de nature.

L'identité sexuée a toujours été un objet problématique, aussi bien dans notre environnement maçonnique bipolaire que dans la réalité sociale ou que dans les discours mythiques ou encore et surtout religieux, imposant très vite la prévalence des hommes sur les femmes.

Dans l'Antiquité, c'est sur la base d'une identité sexuelle que se fondaient le statut et la reconnaissance des êtres dans la communauté dont ils étaient membres. L'identité sexuelle déterminait également une série de comportements, d'inclinations, d'attitudes physiques ou mentales et d'aptitudes rigoureusement répertoriées et distribuées avec différence entre les sexes.

C'est, d'ailleurs, aux seuls hommes qu'étaient adressées les 10 paroles des tables de Loi de Moïse.

La langue hébraïque permet de relier substantiellement masculin et féminin en utilisant les termes ish (שיא) et ishshah (השיא).

En chacun de ces termes se trouve soit la marque de la virilité (le yod fécondateur) soit celle de la féminité (le hé). En guématrie, ish, Aleph, 1 + Iod, 10 + Shin, 300 donne 311 et par réduction cinq (5), qui est le nombre de l'alliance du masculin et du féminin! D'après l'exégèse biblique, le signe Hé, ה est l'instrument de la création et de la vie: une lettre Hé de petites dimensions apparaît dans le mot «bé*hé*baram», (Genèse 2, 4), mot qui veut dire que Dieu créa les vivants avec le Hé. De même, après avoir scellé l'alliance qui le lie au divin par la chair, le patriarche Abram reçoit un signe Hé (valeur 5) dans son nom devenant Abra*h*am en provenance du partage en deux du iod (valeur 10) pris dans le nom de Sara*ï* son épouse qui devient Sara*h*. Il existe, pour la kabbale, un mot, Zoun (נוז) pour le masculin et féminin, abréviation de «Zakhar (רכז) et Neqeva (הבקנ)», qui désigne généralement les deux Partsoufim, Zeir Anpin et Nouqeva[38].

Le «velive» romain est un artefact de décoration associant l'arc/voûte du Ciel et une vulve; le Masculin et le Féminin, les Géniteurs avec leur dualité et complémentarité. En effet, Ce mot combine les trois premières lettres du mot *velificati*o, un terme en histoire de l'art qui signifie «voile» - que l'on peut voir tendu au-

---

[38] Parmi les douze configurations principales qui constituent le Monde d'émanation, cinq jouent un rôle essentiel: Arikh Anpin, le grand visage; Abba, le père; Ima, la mère; Zeir Anpin, le petit visage; Nouqeva, la féminité.

dessus de la tête de Jupiter par exemple et qui figure son apanage le Ciel - avec les deux dernières lettres du mot «vulve» - pictogramme dédié à figurer son épouse la Terre. Une sorte de Ying-Yang, à la romaine.

Pour la pensée initiatique, les genres ne sont pas réductibles au sexe ou, plutôt, **le sexe n'est qu'une manifestation, une expression, parmi d'autres genres.** Ainsi homme et femme ne se réduisent pas à leur sexe: la femme n'est pas un mâle de sexe différent et vice versa. Si les genres ne sont pas réductibles au sexe, le féminin, donc, peut être une qualité partagée par le mâle. Il n'y a pas d'assignation «biologique» ou essentialiste des genres aux sexes. L'éclairage ésotérique met en évidence le concept de bisexualité. La bisexualité simultanée caractérise des êtres qui sont des archétypes, des êtres primordiaux. L'humanité apparaît au terme d'une série de séparations, de divisions, de classements, comme dans une décantation des créatures: séparation entre le Créateur et la créature, le ciel et la terre, le règne végétal et animal, l'homme et la femme; la différenciation des sexes, c'est cette séparation de l'unité primordiale.

En fait l'opinion commune associe, en les confondant, le fait d'être homme ou femme et les notions de masculin et de féminin. Si l'on en croit Pierre Bourdieu, les séries d'oppositions que ces notions entraînent dans leur sillage sont universelles et les correspondances admises reprennent et corroborent la domination masculine. Ainsi on retrouvera du côté masculin actif et du côté féminin passif, et les opposés dominant/dominé, dur/tendre, puissant/faible, devant/derrière, supérieur/inférieur, haut/bas.» Cependant la pensée ésotérique va nuancer ces couples d'oppositions et l'on trouvera des appréciations qui fonctionnent plutôt comme des articulations fondamentales de la pensée avec, au masculin, miséricorde et en opposé au féminin jugement, quiétude/ activité, épanchement/ réceptivité, intériorité/ extériorité, cause/ effet, déploiement/ limitation, forme/ matière, richesse/ pauvreté, lumière/ obscurité, droite/ gauche. D'autres paires d'opposés dans la pensée grecque, comme celles qu'Aristote attribue à un philosophe pythagoricien, mettent en parallèle certaines ressemblances avec cette liste. On trouve ainsi limité/ illimité, impair/ pair, un/ multiple, droite/ gauche, mâle/ femelle, repos/ mouvement, rectiligne/ courbe, lumière/ obscurité, bon/ mauvais, carré/ oblong.

C'est dire et redire que nous sommes mâle et femelle, à la fois, comme image de la création. C'est une consubstantialité de l'unité regardée dans ses aspects différenciés mais c'est de l'unité dont il est toujours question. Pour le Rite Ancien et Primitif Memphis Misraïm, l'être Suprême est Un, et de Lui émane le pouvoir créateur, ou Perusha, le Principe divin mâle, et quand le Un devient Deux, mâle et femelle, de cette union du principe d'intelligence avec la première matière se développe un troisième, qui est Viradj, le monde phénoménal.

Les Philosophes attribuent deux corps à l'art alchimique, à savoir le Soleil et la Lune, qui correspondent à la Terre et à l'Eau. On les appelle aussi Homme et Femme. Signifiant l'union des contraires, l'hermaphrodite est un des principaux symboles de l'alchimie et il n'existe guère de manuscrit illustré où il ne figure pas. Au travers des trois couleurs, le noir, le blanc et le rouge, le Rebis (du latin res bina, matière double) signifie aussi l'ensemble de l'œuvre alchimique qui, dans l'union des polarités, aspire au dépassement des états particuliers de la matière.

Le problème de l'écriture inclusive ne serait-il qu'un problème de grammaire? Ma réponse: **La revendication de l'égalité ne commence-t-elle pas par le respect du masculin sans chercher à en faire du féminin?**

9 LADYBOY OU L'ANDROGYNIE

Une réflexion à partir d'un texte de Charles Mopsik[39].

Le terme androgyne vient du grec ancien *anèr* (*andros* au génitif), **homme, et** *gunè*, **femme. L'androgynie est un archétype, une image primordiale universellement répandue, un rébis lié aux commencements mythiques.**

«Engendré par le soleil et la lune, dit la Table d'émeraude, le Rébis rassemble les vertus essentiellement unies mais extérieurement polarisées du ciel et de la terre».

Selon les renseignements transmis par saint Hippolyte, Simon le Mage nommait l'esprit primordial **arsénothélys**, mâle-femelle. L'Homme primordial, l'Ancêtre mythique de l'humanité, est conçu dans de nombreuses traditions comme androgyne, un *lady-boy*. La réunion de couples de contraires, homme et femme, soleil et lune est appelée syzygie. L'androgyne hermétique en est un des exemples les plus connus.

---

[39] Charles Mopsik, Le couple originel et l'unique primordial dans les religions du monde: <tinyurl.com/couple-originel>.

La Divinité est pour nous une occasion de penser le rapport du genre et du sexe.

Elle nous permet de comprendre que les genres ne sont pas réductibles au sexe ou, plutôt, que le sexe n'est qu'une manifestation, une expression, parmi d'autres genres. Ainsi homme et femme ne se réduisent pas à leur sexe: la femme n'est pas un mâle de sexe différent et vice versa. Si les genres ne sont pas réductibles au sexe, le féminin, donc, peut être une qualité partagée par le mâle. Il n'y a pas d'assignation «biologique» ou essentialiste des genres aux sexes. C'est ce que l'on entend par exemple dans l'expression biblique «comme un père matriciel se fait miséricordieux envers ses fils» (Ps 103,13).

Dans le rapport de l'homme et de la femme, l'être de la Divinité est en jeu; il met en jeu l'univers. S'il est gagné par le déséquilibre, c'est le Nom divin qui n'est plus unifié.

Cette idée typiquement cabalistique découle de la notion de l'homme créé «à l'image de Dieu». Cette perspective nous aide à nous accoutumer à l'idée que le référent biologique est impensable en termes bibliques et encore plus lorsqu'il s'agit de définir l'humain. La sexualité (qui est bien le fait d'hommes et de femmes différents sexuellement l'un de l'autre) est la conséquence de la différenciation propre à la création plutôt que son origine, sa cause. Le sexe est à prendre comme épreuve de l'altérité, non comme son support.

L'éclairage ésotérique met en évidence le concept de bisexualité. La bisexualité simultanée caractérise des êtres qui sont des archétypes, des êtres primordiaux. Dans la mesure où c'est d'eux que dérivent les dieux, les hommes et les animaux qui, pourvus d'un seul sexe, masculin ou féminin, constituent notre monde, ces archétypes doivent être pourvus simultanément des deux sexes, car ils se trouvent en-deçà de cette «sexion». En l'être humain, le souvenir de cet état primordial suscite une nostalgie qui s'exprime avec une profonde émotion dans le mythe qu'Aristophane raconte dans le *Banquet* de Platon. Chaque couple, hétérosexuel ou homosexuel, aux moments les plus intenses de ses unions intermittentes, désire réaliser une impossible fusion permanente qui le ramènerait à cet état antérieur où l'être humain était double[40].

La bisexualité divine est un phénomène des plus répandus à travers le monde. Et même des divinités masculines ou féminines par excellence sont communément regardées comme étant androgynes.

Carl Gustav Jung a intégré la notion de syzygie (réunion du masculin et du féminin) dans son interprétation des archétypes inconscients, notamment à travers le couple fondamental d'anima et d'animus lorsque ceux-ci apparaissent symbiotiquement. Le processus de différenciation de ces couples syzygiques fait partie du cheminement de la conscience vers l'illumination.

Le gnosticisme pose l'assomption syzygique comme l'une des plus hautes fins de l'existence spirituelle d'un être humain. On peut citer à ce titre le logion 22 de l'Évangile selon Thomas (apocryphe chrétien issu de

---

[40] Vidéo, *Platon, Discours d'Aristophane* lu par JF Balmer: <tinyurl.com/l-androgynie>.

la bibliothèque de Nag Hammadi): «[…] n°7: Irons-nous dans le Royaume? Jésus leur dit: Quand vous ferez le deux Un, […] afin de faire le mâle et la femelle en un seul […]».

Sur la base de cette complexité l'analyse kabbalistique va ouvrir une brèche dans le système de reconnaissance des identités sexuelles, risquant ainsi de faire perdre aux institutions religieuses, garantes de la stabilité sociale, leur contrôle absolu sur les rôles, les hiérarchies et les normes relatives aux pratiques selon le sexe.

Ce schéma général de la croyance en l'existence d'un être suprême primordial androgyne auquel succède un premier couple, dont les membres peuvent être aussi bien deux frères, un frère et une sœur, le Ciel et la Terre, le Soleil et la Lune, etc., est lui-même le paradigme d'une l'humanité primitive dont le ou les premiers représentants possèdent également les deux sexes. Un couple divin primitif fait, alors, fonction de géniteur du cosmos et il remplit la fonction démiurgique assurée originellement par l'Être suprême bisexué devenu trop lointain.

«C'est ainsi que les religions anciennes du Proche-Orient ont accordé une large place au couple d'un dieu et d'une déesse, aux liturgies célébrant leur Mariage sacré, appelé hiérogamie, aux mythes relatant leurs amours et les enjeux cosmiques et sociaux de leurs unions.
– En Assyrie et en Mésopotamie, les couples divins Dumuzi-Inana à Sumer, Marduk-Sarpanit en Akkad, pour ne parler que des plus célèbres, occupent et obsèdent la conscience religieuse des hommes de l'Antiquité.

Un des mythes les plus anciens qui a été conservé met en scène le couple divinisé du Ciel (mâle) et de la Terre (femelle), dont l'union donne naissance à tous les êtres vivants. Un poème liturgique sumérien évoque leur union en termes non équivoques: «La Terre grande et plate se fit resplendissante, para son corps dans l'allégresse, la large Terre orna son corps de métal précieux et de lapis-lazuli […]. Le Ciel se para d'une coiffure de feuillage et parut tel un prince, la Terre sacrée, la vierge, s'embellit pour le Ciel sacré, le Ciel, le dieu sublime, planta ses genoux sur la large Terre, et versa la semence des héros, des arbres et des roseaux en son sein, la Terre douce, la vache féconde, fut imprégnée de la riche semence du Ciel, et dans la joie la Terre se mit à donner naissance aux plantes de vie».

De même, l'Égypte pharaonique est-elle hantée par le souvenir des figures d'Isis et Osiris et des couples mystérieux des théogonies primordiales.

En Extrême-Orient, l'Inde célèbre encore les couples que forment ses plus grands dieux, comme Brahma et sa Shakti (Sarasvati ou Brahmî) ou Shiva et Kali.

Quand un couple n'occupe pas la première place, c'est un dieu suprême androgyne, homme et femme ou père et mère à la fois, tel le Zeus des hymnes orphiques, qui assume la création. Ainsi en est-il, de la religion des Australiens aborigènes à la mythologie grecque en passant par le zervanisme de l'ancienne Perse, et quelles que soient les formes spécifiques que revêtent les dieux.

Comme on le voit, il semble que la croyance en l'existence d'un couple primitif divin, sexuellement différencié ou non et qui succède souvent à un dieu premier androgyne, soit enracinée au plus profond de la conscience religieuse de l'humanité, à toute époque et en tout lieu.

«Cependant, il semblerait à première vue que la religion biblique des Hébreux, héritiers à plus d'un titre de ces civilisations, qui plongent leur racine dans la préhistoire de l'humanité, ait évincé toute référence à cette représentation mythique au profit de la croyance en un Dieu unique. Cette divinité suprême a cumulé la totalité des traits que se partagent par ailleurs les divinités mâles et femelles ou, plutôt, abandonnant presque tout caractère féminin, elle a fini par s'identifier à la figure d'un Père unique. L'émergence du monothéisme hébreu est même présentée comme la victoire du système de société patriarcale sur un matriarcat préexistant où la figure des déesses mères avait une position centrale».

Mais, ce fait patent, qui paraît incontestable d'une disparition de toute figure féminine de rang divin au sein du monothéisme hébreu, se heurte à un autre fait historique contradictoire: l'apparition au Moyen Âge d'un système de pensée religieux au sein du judaïsme appelée Kabbale ou «tradition», évoluant dans le cadre du monothéisme ancien, qui va accorder à la forme féminine du divin et à la notion d'un couple divin formé d'une face masculine et de l'autre féminine une place qu'il n'est pas exagéré de dire fort grande.

La Bible, considère, aussi, que l'humanité dérive d'un premier couple, mais Adam et Ève perdent bien vite tout ce qui aurait pu les assimiler à des êtres divins: ils sont très vite chassés du jardin d'Éden et condamnés à la mortalité et au travail.

Le choix de manger le fruit de l'arbre de la Connaissance, c'est le choix de la dualité plutôt que le choix du fruit de l'arbre de Vie éternelle, l'androgynie de l'Adam premier. Cette déchéance du couple primitif par laquelle il rejoint l'existence ordinaire est une sorte d'intrusion brutale du principe de réalité venant rompre l'enchantement du monde mythique et déplaçant l'enjeu de l'aventure humaine sur le plan d'une histoire, dont les hommes sont directement responsables. Mais, bien que déchu, l'Adam emporte son essence: «l'homme, en tant qu'il est parfait, est défini par le masculin et par le féminin, c'est-à-dire «à notre ressemblance», donc masculin (et effectivement, au niveau séfirotique l'essentiel de l'Image est contenu dans Tiferet), et «comme notre apparence», donc féminin, car sa Présence avec nous est féminine, et l'un est fondu dans l'autre, le masculin et le féminin, le haut et le bas — ce qui est la même chose»[41].

Bien que le masculin et le féminin coexistent déjà comme tels dans la Couronne (Kéther), cette distinction, au niveau des trois séphirot supérieures, n'équivaut pas à une division[42] Sur la base de cette complexité l'analyse kabbalistique va ouvrir une brèche dans le système de reconnaissance des identités sexuelles, risquant ainsi de faire perdre aux institutions religieuses, garantes de la stabilité sociale, leur contrôle absolu sur les rôles, les hiérarchies et les normes relatives aux pratiques selon le sexe.

Le déchiffrement des drames des premières familles humaines (meurtre d'Abel par son frère Caïn, déluge,

---

[41] Corinna Coulmas, *Principes masculin et féminin dans le Zohar ou la rigueur d'une méthode*, p.9: <academia.edu/23412620>.
[42] ibid, p.13.

dispersion des peuples et des langues à cause de la tour de Babel) devient le matériau édifiant d'une histoire orientée par le désir de surmonter cette faillite originelle. Généralement, l'histoire des premiers couples, divins ou humains, n'est pas une histoire heureuse. Quelque accident survient, qui dérègle le bon déroulement de leurs amours et de leurs engendrements, comme si le surgissement de la dualité était marqué du sceau du malheur, et que la déchéance nécessaire du principe unique primordial, sa scission en deux entités distinctes, entraînait invariablement une série de drames qui s'enchaînaient l'un à l'autre. Malgré ses inévitables répétitions, marquées comme partout ailleurs par des rites de recommencement, le temps cesse d'être la pure et simple répétition du même et la déchéance du premier couple apparaît comme le point de départ irréversible d'une humanité sur laquelle pèse la charge de son propre destin.

On ne rencontre l'écriture Adam (אָדָם) qu'aux versets Gen;1,26 (Dieu dit: «Faisons l'homme à notre image, **Adam**) et 3,21.

Mais dès le verset Gen 1, 27, son nom change: Dieu créa l'homme à son image **Aadam**. Son nom Aadam (הָ אָ דַ ם) est expliqué au chapitre 2 de la Genèse, verset 7: L'Éternel-Dieu façonna l'homme Aadam, fit pénétrer dans ses narines un souffle de vie, et l'homme devint un animal avec un esprit (une âme). Sous-entendu par le rajout de la lettre Hé, le souffle divin. Cela fait passer la somme des lettres du mot Adam, 45, (אָדָם), correspondant au mot «quoi» (מה), à la somme des lettres d'Aadam 50, donnant «qui» (מי). Comme s'il était passé de l'état d'objet, d'idéation, (Faisons l'homme à notre image), à celui de sujet dans sa corporéité (Dieu créa l'homme). Cette corporéité qui introduit la différenciation des sexes devient effective dans le passage de Gen 3, 21 (L'Éternel-Dieu fit pour l'homme, **Adam**, et pour sa femme des tuniques de peau, et les en vêtit) à Gen 3, 22 (L'Éternel-Dieu dit: «Voici l'homme, **Aadam**). Cela nous invite à réfléchir sur la préexistence des âmes avant leur descente dans des corps produit par la chute et au thème de la Réintégration des êtres bien connu du Régime Écossais Rectifié.

Dans le christianisme, l'émergence de la figure de la Vierge Marie, et même à certaines époques l'apparition d'une féminisation de la figure du Christ appelée «Jésus notre mère», voire son «androgynisation» dans des courants anciens de certaines écoles gnostiques de la fin de l'Antiquité ou dans l'époque médiévale, a atténué, dans une large mesure, la masculinité exclusive du Dieu de l'Ancien Israël qui a exclu sa parèdre Achéra[43].

«Malgré l'extrême diversité des représentations et des croyances religieuses, il semble que l'on puisse apercevoir très schématiquement qu'au cours de l'évolution des civilisations et des systèmes de représentation, chaque époque de renouvellement, chaque tournant culturel important, qui est toujours aussi une époque où est relancée la quête des origines, soit l'occasion d'une confrontation et d'une nouvelle combinaison entre un principe primordial unique et un couple d'opposés».

---

[43] Vidéo, Bruno Fouchereau, *La voie prophétique et le Féminin sacré:* <tinyurl.com/voie-sacree>.

La religion traditionnelle chinoise, quant à elle, se fonde sur l'ancienne conception de l'organisation du cosmos. Tout ce qui existe, y compris le ciel, la terre, les hommes et les dieux, est fait de la même substance vitale, le qi. Le qi se manifeste essentiellement sous la forme de deux forces complémentaires, le *yin* et le *yang*. À l'origine yin signifiait le versant ombragé d'une colline et yang son versant ensoleillé. Selon la *philosophie* chinoise toute chose est faite de yin et de yang, en proportions variables. Les yin est le complément du yang. Le yin et le yang est la loi générale de l'*univers*, la conclusion de toute choses, l'origine de la transformation de tout et de la croissance-destruction. Il peut représenter non seulement deux choses opposées, mais aussi deux aspects opposés au sein d'une même chose. Cette notion de complémentarité est importante, d'autant plus que la pensée occidentale pense plus volontiers le dualisme sous forme d'opposition que de complémentarité. La pensée chinoise fait remonter la manifestation du monde au **yang** et au **yin**, rapportés aussi au Ciel et à la Terre. En effet, dans les textes sapientiels comme le *Tao Te King* de Lao-tseu, il est dit que le Tao, le Principe absolu ou «vide suprême», engendre l'Être comme sa première détermination au sein duquel se forme la dyade métaphysique du yin et du yang, polarité-racine du Multiple, à savoir de la Manifestation. De leur fusion, selon différents équilibres, naissent donc les êtres humains, la nature vivante et tout le cosmos.

En nous référant à la symbolique des nombres, nous pourrions dire que du Zéro métaphysique (le Tao) naît l'Un (l'Etre), puis de celui-ci le Deux, le yin et le yang, qui, en s'unissant, donnent naissance aux «dix mille êtres». Cela n'est pas sans évoquer la Tétraktys de

Pythagore quand elle est en quelque sorte une représentation imaginale des métamorphoses de tous les aspects de l'origine. Pour Pythagore, le triangle signifie la triple nature de la première substance différenciée ou la consubstantialité de l'Esprit manifesté, de la matière, et de l'Univers leur fils. Le sommet est le UN, (en ces temps le zéro, chez les grecs, n'était pas encore inventé) non pas le nombre mais l'unité qui est en contact avec le vide, l'Aïn-sof de la gnose hébraïque, le Mystère des Mystères, le qi chinois. L'unité contient le 2 qui est le premier nombre parce qu'il faut qu'il y ait le 2 pour qu'il y ait soit augmentation, soit division, pour qu'il y ait autre chose et c'est ce quelque chose d'autre qui permet de dire que le 2 fonde le 1, qui alors se différencie de l'unité indénombrable. Avec le 2, le 1 se sépare de l'unité.

La différenciation des sexes, c'est cette séparation de l'unité primordiale. L'humanité apparaît au terme d'une série de séparations, de divisions, de classements, comme dans une décantation des créatures: séparation entre le Créateur et la créature, le ciel et la terre, le règne végétal et animal «selon leurs espèces».

C'est pourquoi, des enseignements, tissés à travers ces mythes et légendes, vont décrire, sous forme symbolique, la méthode et les conditions par lesquelles l'initié peut retrouver son chemin de retour vers une terre promise édénique dont nous serions issus.

Et parmi ces conditions on trouve bien sûr la complémentarité des genres. Ainsi est attestée, dans l'Évangile de Thomas qui témoigne de l'atmosphère mystique du christianisme naissant, de la nécessité de la bisexualité. Dans l'Évangile de Thomas, Jésus, s'adressant à ses disciples, leur dit: «Lorsque vous ferez les deux [êtres] un, et que vous ferez le dedans comme le dehors et le dehors comme le dedans, et le haut comme le bas! Et si vous faites *le mâle et la femelle en un seul*, afin que le mâle ne soit plus mâle et que la femelle ne soit plus femelle, alors vous entrerez dans le Royaume». L'expression «devenir un» est encore mentionnée plusieurs fois. C'est ce qu'écrit l'épileptique Paul aux Galates, 3, 28: Il n'y a plus ni Juif ni Grec, ni esclave ni homme libre, ni mâle ni femelle; car vous tous n'êtes qu'un dans le Christ Jésus. Cette unité est celle de la première création, avant la création d'Ève, lorsque 1'homme n'était «ni mâle ni femelle». On peut souligner, ici, une contradiction avec sa lettre aux Corinthiens, interdisant la parole aux femmes!

Centrée sur l'unité primitive de l'être humain, une même doctrine fut soutenue par Scot Érigène (théologien celtique du 9ème siècle), qui s'inspirait d'ailleurs de Maxime le Confesseur (580). Pour Érigène, la séparation des sexes faisait partie d'un processus cosmique. La division des Substances avait commencé en Dieu et s'était effectuée progressivement jusque dans la nature de l'homme, qui fut ainsi séparé en mâle et femelle. C'est pourquoi la réunion des Substances doit commencer dans l'homme et s'achever de nouveau sur tous les plans de l'être, Dieu inclus. En Dieu, il n'existe plus de division, car Dieu est Tout et Un. Selon Érigène, inspiré par le néo-platonicien Denys l'aréopagite, la division sexuelle fut une conséquence du péché, mais elle prendra fin par la réunification de l'homme et sera suivie par la réunion eschatologique du cercle terrestre avec le Paradis. Le Christ a anticipé cette réintégration finale. Pour Érigène, le Christ avait unifié les sexes dans sa propre nature, car, en ressuscitant, il n'était «ni mâle, ni femelle, bien qu'il fût né et mort mâle».

Saint Paul et l'Évangile de Jean comptaient déjà l'androgynie parmi les caractéristiques de la perfection spirituelle.

En effet, devenir «mâle et femelle», ou n'être «ni mâle ni femelle», sont des expressions plastiques pour lesquelles le langage s'efforce de décrire la *metanoïa*, la conversion, le renversement total des valeurs. Après tout il est tout aussi paradoxal d'être «mâle et femelle «que de redevenir enfant, d'avoir 3 ans, de naître de nouveau, de passer par la «porte étroite».

Ce qui intéresse notre recherche, c'est le fait que, dans la spéculation métaphysique de Platon aussi bien que dans la théologie d'un Philon d'Alexandrie, chez les théosophes néo-platoniciens et néopythagoriciens comme chez les hermétistes qui se réclament de Hermès Trismégiste à travers son dialogue du *Poe mander* qui lui serait attribué (traduit par Marsile Ficin), ou chez nombre de gnostiques chrétiens, la perfection humaine était imaginée comme une *unité sans fissures*. Celle-ci n'était d'ailleurs qu'une réflectance de la perfection divine, du Tout-Un. Dans le Discours parfait, Hermès Trismégiste révèle à Asclépius que «Dieu n'a pas de nom ou plutôt il les a tous, puisqu'il est à la fois Un et Tout. Infiniment rempli de la fécondité des deux sexes».

L'advenue de l'alter ego féminin c'est l'épreuve proposée par Dieu aux yeux d'Adam, c'est une sorte de rite initiatique que Dieu propose en liant l'union et l'accouplement à ce qui était consubstantiel en Adam, son Ève.

L'Amour naquit donc pour la tradition judéo-chrétienne d'un double constat: celui d'une unité originelle (même chair, même séparation) et celui d'une césure fondamentale génératrice d'un «face à face» dans l'union et la recherche de ce qui manque à l'absolue symbiose du principe mâle et du principe femelle. Ainsi, il n'y aurait pas d'adâm mâle ni d'adâm femelle «mais d'un côté l'homme et de l'autre la femme, deux corps, distincts de nature, mais recherchant dans l'accouplement le manque de l'Unité transcendante.

L'exégèse juive et la langue hébraïque permettent de relier substantiellement masculin et féminin en utilisant les termes «ish et ishshah». En chacun de ces termes se trouve une lettre du nom divin qui marque, ainsi, chaque sexe de deux substrats constitutifs de la divinité. Si Dieu créa l'homme mâle et femelle cela laisse supposer que l'un comme l'autre, Adam comme Ève, s'intègrent à la grâce de la restauration continue de l'image de Dieu.

Le mythe redoutable devient récit édifiant, histoire exemplaire, et la frontière entre le monde religieux et celui de la vie profane perd son étanchéité. C'est de ce mouvement de profanation du sacré (simplification, élucidation) et de sacralisation du profane (identification, humanisation des héros et des sauveurs), que les civilisations judéo-chrétiennes sont nées et se sont développées jusqu'à l'époque contemporaine où les limites du religieux et les bornes du monde profane deviennent de plus en plus flous et difficiles à définir. Il y a eu dans l'histoire des lectures de la Bible et du Coran, multiples et contradictoires, sur la base desquelles des édifices religieux complets ont été construits. Il faut néanmoins toujours revenir au texte, dans sa version originale, pour voir si les lectures déjà faites en ont épuisé tous les sens et si notre époque peut s'en forger une compréhension inédite; de la qualité de leur interprétation, de ses effets heureux ou désastreux, dépend aujourd'hui plus que jamais le destin des humains dans les cultures des peuples croyants.

L'énergie et la matière, et par analogie le compas et l'équerre, sont des formes androgyniques de l'unité qui sont aussi considérées comme principe mâle et principe femelle, actif et passif.

Les vertus masculines correspondent au Soufre des alchimistes, les vertus féminines au Mercure. Ces vertus opposées sont réunies en une nouvelle unité par un principe conciliateur, le Sel qui permet l'équilibre.

Les colonnes Jakin et Boaz représentent, dans la phase du monde de la dualité, les deux aspects différenciés mais séparés de l'unité idéale du Delta lumineux qui les contient en idéation où ils sont encore réunis dans la perfection androgyne du commencement.

10 EXIGENCE POUR UNE UNITÉ

C'est une évidence, l'absence d'un membre de l'atelier coupe l'espace du chantier en deux. Ici et ailleurs.

Cependant, les membres de l'atelier, absents à la tenue, peuvent dire leur présence en pensée malgré tout, par le témoignage du Frère ou de la Sœur qui rapporte leurs excuses en loge. Ne pas s'excuser, c'est faire prévaloir, sur le chantier, la prégnance des fantasmes d'abandon, c'est introduire la séparation, la coupure non seulement entre le groupe et l'absent, mais par là même au cœur du groupe. Ne pas respecter le groupe en tant qu'unité, c'est ne pas se respecter soi-même comme appartenant à ce groupe. La responsabilité est un choix et donc une liberté. Travailler en loge fonde le franc-maçon dans sa liberté d'être franc-maçon.

Ne pas transmettre ses excuses sous forme d'obole ou de parole, c'est abandonner le chantier dont la linéarité est celle de l'enchaînement des tenues d'obligation. Mais l'absent sera en manque, car il y a une formation que la tenue en loge peut donner au franc-maçon et qu'il ne peut trouver ailleurs.

Quels en sont les aspects?

Il apparaît que la spécificité du travail maçonnique est ce vécu si particulier de la mise en résonance de l'être avec les rituels pratiqués par la loge, quand elle est réunie en tenue. Les rituels tendent à être l'agent grâce auquel la nature profonde de chacun peut être éveillée et stimulée à un degré tel que le maçon pourra accomplir son grade et gagner cette impulsion supplémentaire, cet élan qui le porteront à travers ses épreuves, en le rendant capable de progresser de point en point, de colonne en colonne, à l'intérieur d'un temple de lumière, suivant une progression précise et ordonnée et qui lui permettront de réaliser cette progression dans le monde profane vis-à-vis des épreuves que le maçon y rencontrerait.

Chaque degré parle un symbolisme dont la parole, les mots, les rituels sont des clés qui devraient inspirer le maçon. Ces rythmes du vocable, ou des gestuels, produisent des effets. Hors du rituel point d'effet.

Le rituel rend une loge capable de s'unifier et d'effectuer ainsi un travail d'ensemble en tant que corps unique fonctionnant d'une manière cohérente. Les coups de maillet répétés, non seulement délimitent dans notre mental l'espace sacralisé, mais surtout réunissent les battements de nos cœurs, en les réinitialisant, par le bruit, sur la même pulsation, nos sursauts en témoignent. L'absent ne peut partager cela. Chaque mot, chaque acte, chaque mouvement et chaque représentation imagée de la vérité focalise toutes les pensées des maçons rassemblés en une convergence qui fait unité. Il faut donc une conscience aiguisée de la symbolique du rituel pour accomplir ces attitudes comme une méditation de groupe. Privilégions, au niveau de l'entrée en Franc-maçonnerie, ceux et celles qui nous semblent capables de répondre, après un enseignement d'apprenti, à cette exigence.

Chaque degré propose un mystère de signes secrets supposé protéger le franc-maçon à chacun de ses grades. De quoi les mots et attouchements protègent-ils?
Au 1er degré, l'impétrant est dépouillé symboliquement de ses métaux. Par-là, il est protégé des risques possibles résultant du contact avec les forces électriques qui peuvent être déchargées par l'application de l'épée de l'initiateur. L'initiateur, dans son sens le plus vrai, est en rapport avec les forces et l'énergie, avec la manifestation, entre autres, des phénomènes électriques, lesquels phénomènes résultent de l'interaction de la dualité des forces de l'univers; entre l'énergie statique et l'énergie dynamique, entre l'esprit et la matière, entre la vie et la forme, interaction au sein de l'unité qu'elle manifeste justement par cette dualité.

La cosmologie nous le dit. En tant que singularité initiale, le Big Bang serait une limite absolue à la compréhension de l'univers, puisque les lois de la physique ne sont plus valables, ni même les concepts les plus élémentaires de l'espace-temps. Les mythes racontent cette brisure de la durée grâce à laquelle commence le temps. La réalité est une structure habitée par les nombres, les proportions et les analogies. Ainsi elle se présente à l'homme et à son esprit pour y être déchiffrée.

La nature nous le dit. En effet, aujourd'hui, au niveau le plus microscopique de la connaissance scientifique, selon le principe d'incertitude d'Heisenberg, dans la particule, le savant ne peut plus distinguer ce qui est matière de ce qui est énergie.

Le rituel d'initiation, comme tout le rituel, nous le dit aussi. Le profane courbé à l'entrée du temple, prêt à traverser la matrice de la Loge-mère, est prêt à redevenir l'être spirituel primordial. Cet être courbé représente, pour certaines traditions, la chute de l'esprit dans la matière, pour d'autres traditions, ce symbole représente le divorce de l'Esprit d'avec la Matière, son retour à sa source primordiale dans laquelle l'impétrant s'immerge. Dans les deux cas il s'agit toujours du UN manifesté en matière et énergie. Ici tout est UN parce que tout est symbole. Si le signe distingue et donc sépare, le symbole, lui, permet la convergence en réunissant ce qui est épars. Comme l'écrit René Guénon dans *Symboles de la science sacrée*: «le complémentarisme n'est que l'apparence extérieure en tant qu'opposition; mais au-delà du domaine où s'affirment les oppositions, elles doivent, comme tous les contraires, se rejoindre et s'unir d'une certaine façon.»

Pour en revenir aux effets des énergies, dans les initiations antiques, c'est des dangers de contacts non préparés avec le feu éveilleur, purificateur et illuminateur que les signes protégeaient l'initié, tandis que les mots de passe assuraient la sécurité des intrus «non-préparés».
Le feu ou esprit ou énergie était alors déchargé par le moyen de mots exacts qui étaient des mots de pouvoir. La bonne prononciation du phonème ou orthoépie permet ou non de traverser le passage gardé. La cantillation (la prononciation de la hauteur des voyelles) est, dans toutes les traditions initiatiques, un des outils de création d'environnements favorables, ou de mise en

relation avec la transcendance. La prise de parole, en tenue, devrait en tenir compte. Mais, aujourd'hui, l'humanité, mauvais compagnon, n'a plus qu'une parole substituée, dont le pouvoir est très visiblement dénaturé.

Cependant, en loge, la parole prononcée essaiera d'appeler la sagesse, la force et la beauté à se manifester dans le temple, produisant sur les pierres vivantes qui l'édifient des effets, des changements spécifiques et nécessaires. Les maçons ont toujours reconnu la parole comme génétique, comme étant la vie parce que donnant la lumière, «Je te crée, constitue et te reçois franc-maçon». C'est cette parole qui accomplit l'initiation du néophyte en commencement de sa vie de franc-maçon. Toutes les autres paroles entendues en tenue appartiennent aussi à un rituel créatif d'une manière d'être franc-maçon. Le rituel, la parole en loge, transmettent au candidat à l'initiation l'énergie qui lui permettra de *passer* des ténèbres à la lumière dans le premier degré, de *gravir* l'escalier à vis de la connaissance vers la chambre du milieu au deuxième degré, et d'*entrer* dans la mort au troisième.

Un des buts de l'humanisme est d'atteindre un esprit coopératif ou esprit de groupe et le développement de la conscience de groupe. Ainsi doit apparaître le rôle que joue l'unité dans le tout, et l'interaction de ce rôle dans de plus grandes structures.

Par le rituel, la Maçonnerie peut transmettre cela. Dans le travail maçonnique et les activités de la loge, les étudiants de l'humanité peuvent voir dépeinte la nécessité pour les hommes de travailler ensemble comme frères. Ils y trouvent ce que Ricœur appelle un vivre ensemble de façon pacifiée, dans des institutions suffisamment justes.

Le rituel fonde notre unanimité dans une pratique. Sans le rituel, les plus grandes divergences en matière de philosophie, pour ne pas dire politiques, voire personnelles, auraient déjà entamé l'existence de la F∴ Maç∴. Le rituel est le lieu de rencontre de nos pluralités. Cela veut dire que nous acceptons la pluralité, l'identité de chacun, les chemins de sens pris par chacun, mais aussi que nous reconnaissons la nécessité d'une unité de notre rassemblement braquée sur la totalité du sens, vécue dans et par le rituel.

La pensée symbolique est une pensée qui n'invente pas le monde, mais le rencontre et qui essaye de le comprendre dans son extension. C'est pourquoi, c'est une grande culpabilité que de laisser se déliter un rituel. Le laxisme vis-à-vis du rituel, c'est permettre la division d'une loge, c'est laisser les factions pervertir l'esprit d'unité que propose la Franc-maçonnerie.

Il ne peut y avoir, indéniablement, qu'une unité de vue sur nos commandements librement acceptés. Ces règles, vécues dans le temps sacré de midi à minuit, participent aussi à l'émergence de l'égrégore. Le *Droit Humain* est un ordre initiatique, et celui qui vient y chercher l'initiation doit pouvoir la trouver. Le Vénérable, qui conduit le rituel, et le Grand∴ Expert, qui en est dépositaire, sont tout particulièrement garants de son intégrité; ce qui n'exclut pas, en la matière, la responsabilité de tous les officiers de la loge et des FF et SS qui travaillent sur les colonnes.

Dans le symbolisme, dans la signification des outils des ouvriers, dans le mobilier et les bijoux de la loge, dans les travaux, on peut suivre ces points de repère qui montrent le chemin vers l'Orient, là où la lumière comme tendance de l'unité peut être trouvée. C'est pourquoi, en plagiant Charles Baudelaire, nous dirions que notre Temple est une nature où, comme de longs échos, qui de loin se confondent, dans une ténébreuse et profonde Unité, vaste comme la nuit et comme la clarté, de vivants symboles se répondent. Ils se répondent, soit dans leur complémentarité, soit dans leur pluralité; mais toujours ils nous conduisent vers le Un.

Prenons, à travers le symbolisme, un exemple de cheminement sur un chantier de l'extension du sens vers le Un.
La porte basse, à l'occident du Temple, fait de son vis-à-vis à l'orient son correspondant. Là, dans son Delta l'œil regarde la porte[44]. Et l'on s'interroge: en quoi l'œil est aussi une porte?

Une réponse possible se trouve dans l'alphabet primitif de l'humanité, dans sa forme protosinaïque. Créé vers le XIVe siècle av. notre ère, cet alphabet utilisait, alors, des images d'objets ou de personnages dont le nom commençait par le vocable que l'on voulait représenter. Ce premier son servait de repère pour une lettre. Ainsi, Apis, permit d'écrire le son «A», ainsi la tête de taureau (qui était Apis) fut le hiéroglyphe primitif de la lettre «A». C'est ce que l'on appelle l'acrophonie (et qui fait du TGV

---

[44] Se reporter au livret *Éclats des décors du temple maçonnique, chapitre Que re-garde l'œil du Delta?* de la Collection Vagabonges maçonniques.

l'acronyme du train à grande vitesse). De même, l'œil servit de hiéroglyphe pour désigner la lettre «O», car en ces temps et en ces lieux, le mot qui nommait l'œil se prononçait *oyin,* ce qui a d'ailleurs donné par évolution dans les diverses civilisations le *ayin* hébreu et le «O» de notre alphabet. De ce fait le «O» a pris les sens symboliques dérivés du champ lexical de l'œil; et aussi de tous ses contraires: Visible et invisible, apparaître et disparaître. L'œil énonce tout ce qui est de l'ordre de l'apparition et du secret.

Marc Alain Ouaknin dans son remarquable livre sur le *Mystère de l'alphabet* écrit à propos de l'œil: «Il est le passage entre l'intérieur et l'extérieur, entre les profondeurs cachées et ténébreuses de la Terre et la clarté du monde solaire»; n'est-ce pas là aussi l'évocation de la porte basse que le temple nous propose comme correspondant à l'œil? Il est écrit encore sur l'œil: «c'est le point où l'être se dévoile mais en même temps se voile; un être humain ne se montre pas entièrement, son apparition n'est à chaque fois qu'une partie de la totalité de l'apparition»; n'est-ce pas dire que l'œil témoigne pour le Un dans ses aspects différenciés? À cet instant d'apparition, ne peut-on pas évoquer une naissance initiatique? Est-ce abuser du symbolisme? Alors, devinez comment se prononçait en Mésopotamie, à cette époque, le mot qui désignait la vulve féminine représentée en écriture cunéiforme ougarit par un triangle pointe en haut. *Oyin* bien sûr, comme l'œil. Quand le symbolisme vient nous narrer notre histoire de l'humanité, ainsi, par petites touches, c'est toujours pour nous un émerveillement de la complexité et de la cohérence du Un.

Allons plus loin sur cette idée d'unité à laquelle l'œil nous ouvre la porte. Le mot *Schéma* qui veut dire «écoute» est construit sur cham-ayin, «là-bas l'œil», c'est-à-dire «là-bas regarde». Écouter, c'est regarder au-delà de la proximité des apparences. Écouter, c'est essayer de découvrir le visible et l'invisible. Ainsi, la projection symbolique de la porte basse, à travers le Temple, est devenue dans le Delta, ouverture sur les «au-delà» de Soi. L'œil est une porte ouverte qui donne à voir un espace-temps, hors de notre portée dans son unité qui, comme une vérité, demeure un «là-bas» ou un touchement d'un plus-loin-encore, une naissance de l'invisible vers lequel la quête conduit l'initiable. Écouter devient alors entendement.

Dans la conduite de la loge et les activités des officiers, celui qui cherche trouvera des éclaircissements du gouvernement du monde. Dans les objectifs éthiques et spirituels de la tradition Maçonnique, celui qui cherche trouvera cette inspiration qui le maintiendra résolument dans sa quête. Le mystère de l'esprit, le mystère de la lumière, le mystère de notre recherche de la vérité et de l'expérience spirituelle ainsi que le mystère de l'immortalité et de la résurrection, doivent se révéler à leur vraie place; et à cette place peut se trouver un maître maçon.

Tous les francs-maçons ont été introduits dans le temple de la vie. Beaucoup ont pénétré dans le monde de l'étude et de l'accroissement de la connaissance. Quelques-uns ont triomphé de la mort et s'emploient à superviser le travail. Celui-ci est fondé sur la liberté qui confère la pratique du contrôle de soi, sur une égalité qui reconnaît notre humanité partagée et sur une fraternité qui oriente notre attitude mentale vers la solidarité avec tous. Nous disons avec le philosophe Laplantine: «Le cœur est le lieu de la synthèse de nos philosophies».

Il n'y a pas de justice sans solidarité. Celui qui fait la justice est appelé le juge, celui qui participe à la solidarité est appelé en hébreu un *tsadik*, c'est-à-dire le juste, car il fait une justice d'équilibre. La solidarité n'est pas une bonté à l'égard d'un être démuni, c'est une justice compensatrice. La solidarité, c'est-à-dire être juste, est la vocation première de celui qui veut atteindre la transcendance en recréant une unité de l'humanité, où tout autre est notre humanité partagée. Aller jusqu'aux racines de sa différence, permet d'y découvrir sa compatibilité avec l'autre; la connaissance n'est que dans une humilité à cette perméabilité des êtres entre eux. C'est l'éthique, fondée sur l'unité de l'humanité, qui permet à la métaphysique de surgir dans l'indépendance, c'est-à-dire dans le droit de choisir ses interdépendances.

On peut relire la Règle 9 pour les candidats *De l'initiation humaine à l'initiation solaire*, prescrite par Alice Bailey: «Que le disciple se joigne au cercle des autres «moi». Mais qu'une seule couleur les réunisse et que leur unité apparaisse. Ce n'est que lorsque le groupe est reconnu et discerné intuitivement que l'énergie peut-être sagement diffusée». Cette unisson dans le service de l'humanité est fondée sur:

~ l'unité de but

~ l'unité de vibration

~ l'identité d'affiliation en groupe

~ des liens karmiques de longue date

~ la possibilité de travailler en relations harmonieuses

S'il est vrai qu'il existe des structures qui permettent probablement de constituer de tels groupes, ce qui est certain, c'est que le travail en loge maç□□ réunit, au grade de M□□□ ces conditions. Le travail en tenue solennelle consiste à assurer l'emprise de son ego sur sa personnalité de façon à ce que la relation ésotérique du groupe devienne possible sur le plan physique. L'égrégore survient, par une discipline de la personnalité du franc-maçon proposé par le rituel, de rencontres ponctuelles en rencontres ponctuelles, jusqu'à trouver, à la lumière d'une aurore inhabituelle, le fil qui relie. C'est un pacte de renoncement narcissique en échange d'une espérance totale.

Voilà, entre autres, pourquoi nous pensons que nous devrions vivre, à chaque instant de nos tenues, non seulement dans l'observance des rituels mais aussi dans leur exigence, ce qui permettra à chacun de vivre sa différence. Alors, comme l'écrivait Daniel Pons dans *Le fou et le créateur,* son œuvre maîtresse, et s'adressant à son frère, le créateur humain, celui qui tente de se construire lui-même en harmonie avec la parcelle de l'Unité qui l'habite: «Créateur, mon frère, lorsque tu sentiras ton corps d'éphémère t'abandonner, souviens toi alors que la barque d'Isis est un char qui conduit, vers l'éternité, tous les corps exténués à force de s'être surpassés…»

Nitescence de la Dualité

11 LE CABINET DE RÉFLEXION ENTRE MORT ET NAISSANCE

Nommé aussi «chambre des réflexions», le cabinet de réflexions semble avoir été utilisé à partir de 1735, inspiré par des symboles alchimiques.

À l'origine, le Cabinet de réflexion était un simple local où on plaçait le candidat pour l'effrayer. «Nul ne peut atteindre l'aube sans passer par le chemin de la nuit» (Khalil Gibran). C'est une caverne où se développe un récit à déchiffrer. Le profane est invité à s'asseoir en ce lieu. Il regarde les objets symboliques qui orientent sa méditation. C'est le passage du monde profane d'où il vient au monde sacré où il va. Il réside en ce lieu un long moment avant d'être admis aux épreuves de l'initiation et y rédige son testament philosophique.

Dans la vie profane, ce n'est qu'après le décès que le testament devient communicable et la transmission n'est que celui des biens matériels, en relation avec la mort, la disparition.

À l'opposé, le testament philosophique, écrit dans le cabinet de réflexion, sera lu, en tenue, devant l'assemblée des francs-maçons avant de commencer les épreuves de l'initiation du récipiendaire; ce qui est transmis ne peut être de nature matérielle, et c'est d'une naissance dont il s'agit.

Dans l'obscurité des gestations, le testateur fait le point, prend congé du monde profane et prépare ainsi sa nouvelle naissance symbolique, en offrant les traces qu'il souhaiterait laisser de lui comme un être de bien par les réponses aux questions posées: Quel est votre but en entrant en franc-maçonnerie? Quels sont les devoirs de l'homme envers l'Humanité et la Patrie? Quels sont les devoirs de l'homme envers lui-même? Si vous étiez à l'heure de la mort, quel serait votre testament philosophique?. Dans cette première planche, par laquelle l'impétrant exprime sa philosophie de la vie avant de se préparer à un monde inconnu, se cherche le sens que la mort donne à la vie et les valeurs qui donnent du sens à la vie.

Le testament rédigé par l'impétrant est brûlé après son initiation, ses cendres «amorphes, image de la mort matérielle», remises au nouvel initié pour lui marquer la confiance de ses frères et sœurs en ses engagements pris lors de la cérémonie d'initiation.

Cet usage n'est pas pratiqué au Rite York, ni dans les Rites américains.
La chambre de réflexion est longuement décrite dans *Le Régulateur du Maçon*[45].

---

[45] *Le Régulateur du maçon: [Grades symboliques]: [Cahiers du Vénérable et des (premier et second):* <tinyurl.com/le-regulateur-du-maco>.

Aux REAA, RF et MM,. Le cabinet de réflexion est un réduit peint en noir. L'éclairage est réduit, souvent par une bougie qui en est la seule source de lumière, le décor est macabre. Des objets sont posés sur une table. Des sentences avec un sens naturel sont écrites sur les murs: «Si la curiosité t'a conduit ici, va-t'en! Si tu tiens aux distinctions humaines, sors, nous n'en avons pas ici! Si tu crains d'être éclairé sur tes défauts, tu seras mal parmi nous! Si ton âme a senti l'effroi, ne va pas plus loin! Si tu persévères, tu seras purifié par les éléments, tu sortiras de l'abîme des ténèbres, tu verras la lumière!»
Ces sentences donnent sens au mot purification: l'intention qui anime le cherchant doit être débarrassée de tout appétit de pouvoir. On y trouve, rapporté dans Le rameau d'Or d'Éleusis (1863) d'Étienne Marconis les inscriptions ci-après: «Aime les bons, plains les faibles, fuis les méchants, mais ne hais personne.» «N'oublie pas que l'homme est fragile, et que pendant sa vie il est l'esclave de la nécessité, le jouet des événements… Mais console-toi, car la mort t'attend, et dans son sein est le repos.» «L'homme le plus parfait est celui qui est le plus utile à ses Frères…». Cette étape signifie la rupture du candidat avec le monde profane qu'il a abandonné volontairement et symbolise son arrachement à sa situation sociale antérieure.

Au RER, le cabinet de réflexion est appelée Chambre de préparation et le décor est des plus épurés: mur noir, pas d'objet symbolique, juste une bougie pour s'éclairer, une carafe d'eau, (une sonnette pour appeler, du moins selon le rituel!), une bible et de quoi écrire pour répondre aux trois questions d'Ordre qui seront dévoilées à l'impétrant en même temps qu'un tableau représentant une tête de mort avec cette sentence, «la vie était souillée mais la mort a réparé la vie». Tout invite le candidat, qui sera épaulé par le frère Proposant (le parrain), Préparateur et Introducteur dans ce qui est une exhortation au voyage intérieur. Renouvelé à chaque cérémonie de réception au grade supérieur, le passage dans cette chambre de préparation rythme au RER le cursus en loge symbolique d'apprenti à Maître écossais de Saint André.

Plus qu'un passage, le cabinet de réflexion est le lieu à revisiter sans cesse. Il procure des repères indispensables au voyageur qui poursuit sa quête. Il montre l'essentiel à celui qui entreprend le voyage. Il lui indique des sens (directions et significations) et par où commencer le chemin, notamment avec la mystérieuse formule V.I.T.R.I.O.L. Cet acrostiche ne fut introduit en Maçonnerie (dans les Loges bleues) que dans la deuxième partie du XIXe siècle, en 1750 dans les Hauts Grades. Il est un axe de progression vertical qui relie les plans entre eux.

Cette cosmographie est un miroir pour l'homme révélant la constitution de son être.

Le cabinet de réflexion est comme une caverne alchimique où se réalise un rite de purification; une matrice dans laquelle l'être renaîtra purifié.
Au rite écossais philosophique, le séjour dans la caverne est notablement sobre dans les détails, mais aussi plus éprouvant: pas de VITRIOL, pas de dessins, pas d'ossements, rien qu'un quignon de pain sec, un verre

d'eau et une table avec du papier, éventuellement un sablier.

Pour les humanistes universalistes du XVIIe siècle, qui ont inspiré la Franc-maçonnerie naissante, l'Alchimie était le cœur de leurs recherches. Certains travaillaient eux-mêmes au fourneau, d'autres entretenaient des laboratoires. Ils publiaient des traités sur le sujet. Pour eux, Alchimie, Rose-Croix et Franc-maçonnerie ne pouvaient être désunies. Ainsi en atteste le ternaire alchimique présent dans le cabinet de réflexion, celui indispensable au processus de formation de la pierre philosophale: le Sel, le Soufre et le Mercure qui expriment ensemble le véritable équilibre auquel le profane doit tendre afin de se régénérer (un article sera dédié aux substances alchimiques à paraître dans 2 semaines) .
Le sablier, qui se trouve posé devant l'impétrant, est un attribut de Saturne, il symbolise le temps, il représente sur le plan matériel, donc terrestre, le temps qui s'écoule inexorablement et qu'on ne peut pas arrêter.

Pour que ce rituel de vie et de mort puisse être efficace et aboutir à la purification du profane, il lui faut encore un puissant symbole, un témoin psychique permettant de relier les vivants aux morts, un lien puissant exprimant la chaîne ininterrompue entre les Maîtres passés à l'Orient Éternel et le profane qui aspire à reprendre le flambeau en devenant franc-maçon à son tour.
Ce témoin psychique est un véritable crâne humain, posé près du profane, et devant lequel se trouve écrit ces mots: «J'étais ce que tu es, tu seras ce que je suis!» Le cabinet de réflexion raconte la mort et la renaissance avec la descente au cœur de la terre, dans la caverne, la

nuit obscure des gestations, la terre fécondée, l'eau purificatrice et fertilisante, la matrice aveugle et la grotte protectrice, la source, les profondeurs d'où surgit l'être revivifié par le bandeau enlevé. Éclairé d'une seule bougie, il représente le chaos, origine primitive de toutes choses, état d'obscurité du profane qui n'a pas encore reçu la lumière.

Le cabinet de réflexion n'existe pas dans les rituels anglo-saxons.

Dans le Rite forestier, le postulant, appelé Guêpier ou Briquet, est enfermé dans une Cabane.

En 1829, le RÉAA précisait:
«Cette chambre est obscure, n'est éclairée que par une petite lampe antique; l'intérieur représente une grotte, une caverne en quelque sorte».

La caverne

Au 3ᵉ siècle (252), sept jeunes chrétiens (Maximien, Malchus, Marcien, Denis, Jean, Sérapion et Constantin) originaires d'éphèse sont condamnés par l'empereur romain Dèce, pour avoir refusé de renier leur foi chrétienne en un Dieu unique et de se soumettre au culte impérial et ses idoles. Condamnés à l'exil ils s'enfuient. Ils trouvent refuge dans une caverne mais retrouvé par les soldats romains ils sont emmurés vivants dans la caverne avec leur chien, qui les avait fidèlement suivis. Ils se réveilleront en 408 ou en 447, sous le règne de Théodose II, vivants et dans le même état de jeunesse. L'un deux sort de la caverne et descend dans la bourgade pour acheter des vivres. Il paye avec une pièce d'or datant de l'empereur Dèce, mais cette pièce n'a plus cours aussi le bruit se répand qu'"il aurait trouvé un trésor. Afin de prouver sa bonne foi il emmène les autorités religieuses et l'empereur dans la caverne, mais avant d'y pénétrer il demande à parler avec ses camarades qui unanimement décident de rester dans la caverne et demander leur mort à Dieu. Dans une autre version, ils témoignent de leur «résurrection», puis disparaissent» Voilà l'histoire de ces sept Dormants et qui fait consensus dans les 3 religions du livre (surtout dans le coran, sourate XVIII, et chez les soufis).

Le point de départ de cette histoire est la foi totale dans leur religion, la soif de vérité, d'Absolu et **d'unicité** semble être un préalable à l'exil rédempteur, ils choisissent ainsi le sacrifice de soi porté par leur foi. Selon Ibn Arabi ces sept dormants forment une figuration de chevalier spirituel, lequel va seul à la conquête de sa conscience profonde en entamant ce voyage sans retour vers Dieu. Il s'agit d'opérer cette plongée dans les profondeurs régénérantes de la caverne et sortir de l'état de dépendance et d'asservissement, caractéristique de notre conscience ordinaire, pour atteindre l'état de discernement d'une réalité autre que celle du monde profane et qui prend racine dans ces mondes intermédiaires qu'"Henry Corbin a qualifié de *mundus imaginalis* ou monde imaginal, monde qui permet d'accéder à la connaissance effective, dont la moindre parcelle vaut plus que tous les raisonnements qui ne procèdent que du mental, connaissance rappelle René Guénon qui ne peut se faire que par l'âme et l'esprit. Dans cette caverne et durant deux ou trois siècles va se produire la dormition, étape importante de spiritualité.

«La caverne dans la symbolique universelle est un lieu central où s'effectue une transformation (mort, renaissance, initiation) ou bien un lien avec l'autre monde.

C'est un espace sacré réel, physique, pouvant aussi être mental, dans lequel se passe quelque chose, soit au niveau individuel, soit au niveau cosmique. Pour Guénon, la caverne est le centre, l'origine, le point de départ, indivisible, l'image de l'unité primordiale. De la Grèce antique (Platon) à l'Extrême-Orient, elle est conçue comme l'image du monde, le lieu de la naissance et de l'initiation, parfois aussi symbolisant le cœur. En tant que lieu et centre, la caverne est considérée tantôt comme un réceptacle d'énergie tellurique, ceci pour la caverne souterraine, tantôt comme un lieu illuminé par rapport aux ténèbres de l'extérieur, car une initiation y a lieu et l'initiation, la seconde naissance, est une illumination. En effet, la caverne qui serait en même temps lieu de mort initiatique et un lieu de seconde naissance, donne accès à la fois aux niveaux souterrains et aux niveaux supra terrestres. Là s'effectue la communication avec les états supérieurs et inférieurs: elle devient donc centre du monde, tous les états s'y reflétant. En tant qu'archétype de la matrice maternelle (regressus ad uterum), la grotte et la caverne, comme la matrice, symbolisent les origines, les renaissances, ceci surtout au Proche-Orient. Elle est donc le lieu de naissance, de régénération et d'initiation comme nouvelle naissance, mais aussi un lieu de passage de la terre vers le ciel, ou du ciel vers la terre, ainsi que le lieu où se fait un passage des ténèbres à la lumière. Guénon explique: mort et naissance sont les deux faces d'un même changement d'état et ce passage d'un état à un autre doit toujours s'effectuer dans l'obscurité»[46].

Retrouver *Les origines de la légende de la Voûte* par Pierre Mollier[47].

---

[46] Poursuivre l'indispensable lecture de ce texte Georges Flour, *La caverne, archétype initiatique*, 2017: <biblio-arcadia.fr/2-L.htm>. Pour approcher d'autres documents: page 90 *Histoire ecclésiastique. Tome 4* par l'abbé Fleury: <tinyurl.com/Histoire-ecclesiastique>.
Et note 1 à partir de la page 31 *Nouveau catéchisme des francs-maçons* de Louis Travenol,, contenant tous les mystères de la maçonnerie...précédés de l'Histoire d'Adoniram: <tinyurl.com/Le-Nouveau-catechisme>.
[47] Vidéo, Pierre Mollier, *Les origines de la légende de la Voûte*: <tinyurl.com/legende-de-la-voute>.

12 RASSEMBLER CE QUI EST ÉPARS DANS LA MYSTIQUE CHRÉTIENNE

Le trinitaire apparaît dans la pensée religieuse chrétienne à la fin du IIe siècle en Orient chez Théophile d'Antioche (trias) et en occident chez Tertillien (trinitas).

Avec l'avènement du Fils proclamé, au concile de Nicée (325), de même nature que le Père, consubstantiel, coéternel, engendré et non créé, l'Unique des Hébreux a éclaté en se divisant. C'est à trois «êtretés» que le concile de Constantinople (381) attribue subtilement les rôles de la triade: le Père créateur, le Fils rédempteur et le Saint Esprit sanctificateur. Le fils devient la face visible de l'invisible.

La Renaissance picturale, en couvrant de chair l'idée de Dieu, a fait chuter l'absolu dans le relatif.

Œuvre d'art par excellence, en l'icône de la Sainte Trinité, réalisée par André Roublev au début du XVe siècle, se condensent des trésors de connaissance, de méditation et de savoir-faire. Trois anges pèlerins, venus annoncer une postérité à Abraham, personnifient la trinité, mais sans laisser savoir quelle hypostase de la Trinité est exprimée dans chacune des trois figures. Pour exprimer l'unité existant entre eux, Roublev compose son icône dans un cercle dont la circonférence passe par le milieu de chacune des nimbes des anges et dont le centre est la main gauche du personnage central. Mais les couleurs bleu, vert transparent, violet participent également du symbolisme de la trinité. Ce moine aurait eu les yeux crevés pour avoir signé son œuvre ce qui était interdit à l'époque. Entre autres significations symboliques, elle représente le Nom divin. L'Ange du milieu figure le Père, et l'Ange de gauche, le Fils. Tournés l'un vers l'autre, ils se contemplent et leurs regards se reflètent. Voilà le Bipôle. La couleur mauve caractéristique du Fils annonce la «septième race», violette, des hommes surévolués. L'Arbre des Vies, derrière le Père, signifie l'Un qui se multiplie; la Cité, derrière le Fils, c'est le multiple qui s'unifie. L'Ange de droite, qui est à part, personnifie l'Esprit. C'est le plus féminin des trois, son bâton est le plus incliné, ses mains sont parallèles, son visage, fort penché, est illuminé par un regard intérieur.[48]

L'hommage, rendu à ce dogme de la trinité, perdure dans certaines interprétations du delta lumineux maçonnique[49].

---

[48] Yves Albert Dauge, Entretiens sous le figuier ou initiation à l'ésotérisme: <tinyurl.com/icone-ste-trinite>.

[49] *Rituels. Rite Écossais Rectifié. Deux cahiers d'écrits martinézistes. Dieu considéré dans son unité et dans la Trinité de ses puissances*: <rituel RER >

Pour Jean-Baptiste Willermoz, les deux natures divine et humaine sont réunies indivisiblement pour l'éternité qu'en seul et même être dans la personne de Jésus-Christ, Dieu et homme…[50]

Rassembler le sang et la chair: la Cène

Est-ce aux seuls apôtres, qui étaient seuls présents à la cène, qu'il a été donné de manger le vrai corps et de boire le vrai sang? Qu'on nous dise donc où cette interprétation est prouvée. Il a dit ailleurs: Ma chair est véritablement une nourriture mon sang est vraiment un breuvage: celui qui mange ma chair et boit mon sang demeure en moi et moi en lui; et cependant si les apôtres comme seuls présents à la réalité, ont pu seuls manger sa chair et boire son sang; et qu'il n'y ait plus pour nous qu'une simple commémoraison de cette réalité, tous les hommes, excepté les apôtres, doivent donc renoncer à voir jamais Jésus-Christ demeurer en eux, et à demeurer en lui, par cette manducation réelle qui leur serait à tous impossible[51].

Pour les Grecs, le pain et le vin sont les signes d'une existence libérée de la sauvagerie. La «vie au blé moulu», supposant la domestication de la terre et l'organisation du temps et des saisons, est ainsi complémentaire de la maîtrise des forces obscures que représentent les puissances d'ivresse et de folie. L'épi est pour le pain ce que le raisin est pour le vin. L'un et l'autre constituent les

---

[50] Jean Baptiste Willermoz: <tinyurl.com/les-deux-natures-reunies>.

[51] Jean Baptiste Willermoz, *Doctrine 1818*, p. 23: <tinyurl.com/la-manducation>.

conditions d'un équilibre (toujours précaire) de civilisation. Dans la Grèce antique, le premier repas du jour consistait en pain et vin pur, l'akratisme.

Lors des cultes de Mithra, on pense qu'il y avait un repas avec le partage du pain, de l'eau et du vin[52].

Le pain et le vin sont à la fois des aliments terrestres et de nature divine. C'est la quintessence des biens de la terre, offerts à l'homme qui les reçoit et qui, en compensation, honorera ses dieux et plus tard son Dieu, par ses offrandes. Dans sa longue histoire, jusqu'au XVIIIe siècle, le pain, l'aliment de base, était le symbole du sacré, de l'espoir, de la justice et de la stabilité.

Le compagnon est celui qui partage le pain. Le repas en commun est l'acte communautaire par excellence. Il est le signe et la source de l'unité. Il signifie l'union fraternelle des participants qui se nourrissent de la même substance et qui la répartissent équitablement. Il opère cette unité au moyen de l'action elle-même de réunion et de partage et au moyen de l'absorption d'une substance identique qui, intériorisée, transfigurera chacun des participants. Le partage du pain occasionne l'incarnation de la substance, en vertu du principe que nous devenons ce que nous mangeons: «Mangez du pain, mangez Osiris, le dieu gain pousse, Osiris renaît.»

Le pain se dit en hébreu לחם de valeur 78. Partager en deux (39) il devient le kouzou (כוזו), la mise en mouvement du tétragramme (en faisant avancer d'un pas chaque lettre du יהוה cela donne כוזו de valeur 39) mais aussi la rosée *tal* (טל de valeur 39). Parce qu'il y a partage

---

du pain et du vin, il y a surgissement par l'éthique de la métaphysique, secret de l'eucharistie. À remarquer qu'en hébreu, «je suis avec [le] pain a pour valeur guématrique 144 de même valeur que l'expression אחלקה qui veut dire «Je partagerai». C'est ce qu'Emmanuel Lévinas développe magistralement dans son livre *Le temps et l'autre*.

Au centre de la pensée kabbaliste, il y a le pain **quotidien**, le pain **azyme**, le pain **du ciel** et le pain **de la honte**[53].

Le pain est présent dans le cabinet de réflexion. Il prend sens comme nourriture des Mystères, comme triomphe de la vie sur la mort comme dans le tombeau égyptien, comme dans la résurrection évoquée dans la Bible; oui, pareille à la rosée (39) du matin est ta rosée (39): grâce à elle, la terre laisse échapper ses ombres (Isaïe 26,19). Remarquons que le sel (מ ל ח) et le pain (ל ח מ), en hébreu ont la même valeur guématrique, 78, et sont des anagrammes l'un de l'autre. Mais le mot (ל ח מ) signifie aussi la guerre!

Vers 1830, afin de ne conserver «qu'une base morale et des allégories justes et raisonnables» pour le grade de Rose-croix, l'Orateur du Chapitre propose, par exemple, que la Cène devienne une «image touchante de la bienveillance, de la fraternité qui doit unir les maçons et de l'égalité qui doit régner entre eux»; ainsi INRI devient: *Indefeso Nisu Repellamus Ignorantiam*, par d'infatigables efforts, nous repoussons l'ignorance.

---

[53] Écouter le développement *Grand est le manger* par Marc-Alain Ouaknin: tinyurl.com/manger-comme-partage>.

Le rituel mystique du Chevalier Rose-croix organise une époptie de la Cène[54].

Le tétramorphe

Morphé, **la forme, le tétramorphe montre quatre formes allégoriques: l'humain, le lion, le bœuf et l'aigle. On le trouve dans diverses civilisations de l'Antiquité.**

Son origine remonte à la nuit des temps. À Babylone, il représentait quatre divinités secondaires, il figurait les quatre points cardinaux et en astrologie, science inventée par les civilisations mésopotamiennes, il symbolisait les quatre signes fixes du zodiaque.

Les quatre bannières représentant un bœuf, un homme, un lion, un aigle, étendards de tête des quatre divisions de l'armée d'Israël, ont une signification universelle. Elles ont inspiré les armoiries de toutes les plus grandes familles en Europe.

On ne peut manquer la référence à la vision du prophète Isaïe, dans cette célèbre théophanie où les anges, au milieu des cercles de feu, présentent quatre faces: une face d'homme, celle d'un taureau, celle d'un aigle, et celle d'un lion. Ces quatre symboles se retrouvent présents, non sans raisons, en Franc-maçonnerie dans les armoiries de la Grande Loge des Anciens et sont donc toujours en bonne place dans les armoiries de la Grande Loge unie d'Angleterre. Le taureau ou le bœuf est

---

[54] *17 et 18° degrés REAA,* à partir de la page 62: <tinyurl.com/chevalier-rosex>.

symbole de sacrifice et de fertilité. On sait que dans le pays de Canaan, celui de Melkisédeq vraisemblablement, Dieu était El, représenté par le taureau de la fertilité, encore appelé le Compatissant. Le bœuf Apis a le même rôle dans la mythologie égyptienne. Éphraïm est de même un symbole de fertilité. L'aigle avec son œil qui voit évoque le prophétisme. L'aigle représente la tribu de Dan, qui veut dire juge. Les Juges, comme les Prophètes sont en communication directe avec Dieu; l'aigle exprime la rapidité et la promptitude avec lesquelles les volontés de Dieu sont exécutées. L'homme est dans la plénitude de ses pouvoirs adamiques: royal, prophétique et sacerdotal. Il peut parfois se présenter comme un ange. Mais, l'homme est au-dessus des anges, car il a son libre arbitre. Il est ainsi représenté comme Ruben, dans toute son humanité, dans sa grandeur comme dans sa petitesse. Le lion couché est l'emblème de la tribu princière de Juda, de la lignée royale de David et donc du Christ.

Dans le Degré de Chevalier de l'Épée, attenant à l'Arche Royale, citons le rêve de Cyrus: Dans mon rêve, j'ai vu un lion prêt à m'attaquer et à me dévorer et à quelques pas de là Nabuchodonosor et Beltshazzar se tenaient enchaînés. Ils étaient comme frappés d'admiration devant une Gloire évoquant la splendeur du mot sacré que les maçons donnent au Grand Architecte de l'Univers. Dans les cieux, apparut un aigle tenant dans ses serres un ordre: "Rends la liberté aux captifs sinon tu perdras ton trône." Cette association de l'aigle et du lion peut être sujet de réflexion. Le lion est le symbole de Babylone, mais aussi des Perses. La louve romaine, le coq gaulois, le léopard normand sont des restes de ces attributs.

À Babylone, comme à Persépolis, les représentations des lions, taureaux, aigles, etc... sont multiples, associant souvent celles-ci en des animaux mythiques, sphinx, griffons, licornes. Les Assyriens, grands astronomes, symbolisaient les quatre points cardinaux par quatre divinités astrales: Mardouk le taureau ailé, Nébo à figure humaine, Nergal le lion, ailé lui aussi, et Ninourta l'aigle. Les Chérubins qui gardent l'entrée du Jardin d'Éden sont parfois représentés sous forme de taureaux ailés. Les Égyptiens eux-mêmes présentent leurs dieux avec des têtes d'animaux. Si, effectivement, le lion représente la royauté, le taureau exprime la fertilité, comme animal de sacrifice, le sacerdoce, et l'aigle indique la volonté divine, comme le prophète, alors, ces trois animaux évoquent les dignités vers lesquelles tend notre humanité. Ainsi le tétramorphe peut-il être considéré, dès les anciens temps, comme la représentation d'une spiritualité universelle ou œcuménique.

Le tétramorphe ce sont les 4 créatures qui se trouvent aux 4 coins de la carte du Tarot «Le Monde». Lorsque cette carte s'interprète au plan alchimique comme la 5ème essence, la «quintessence», les créatures racontent l'intégration et la transformation des 4 énergies: du feu, de l'air, de l'eau et de la terre.
Les quatre icônes zodiacales associées aux quatre Évangiles chrétiens canoniques constituent collectivement un des plus anciens et plus compacts symboles en occultisme. Ils prennent naissance dans les époques primitives du développement humain et trouvent leur forme la plus puissante dans le Sphinx égyptien.

Le choix de quatre évangiles canoniques semble inspiré des quatre vivants d'Ézéchiel et de l'Apocalypse. Le tétramorphe, ou les «quatre vivants», ou encore les «quatre êtres vivants», représente les quatre animaux ailés (les *khayoth*) tirant le char de la vision d'Ezéchiel (Ez 1, 1-14). Les séraphins apparaît dans la Bible comme ayant six ailes, deux pour voler, deux pour se voiler la face parce qu'ils sont tellement proches de Dieu qu'ils se protègent de la lumière, et deux ailes pour se couvrir les pieds pour protéger les anges qui les suivent de la lumière que lui-même dégage. Une analyse plus avancée est à suivre dans *Petits et Grands Mystères de la Kabbale* d'André Benzimra.

On les retrouve avec St Jean dans l'Apocalypse 4,7 «Et le premier animal est semblable à un lion; et le second animal, semblable à un veau; et le troisième animal a la face comme d'un homme; et le quatrième animal est semblable à un aigle volant».

Dès le IIe siècle, Saint Irénée de Lyon a été le premier à identifier ces quatre vivants aux quatre Évangélistes; au IVe siècle, saint Jérôme de Stridon remarque que la première page de leur texte donne la clé de l'attribution des quatre vivants à chacun des quatre évangélistes:

~ Matthieu et l'homme (l'enfant): son évangile débute par la généalogie humaine de Jésus.

~ Marc et le lion: dans les premières lignes de son évangile, Jean-Baptiste crie dans le désert

~ Luc et le bœuf: aux premiers versets de son évangile, il fait allusion à Zacharie qui offre un sacrifice à Dieu, or dans le bestiaire traditionnel, le bœuf est signe de sacrifice.

~ Jean et l'aigle: son évangile commence par le mystère céleste.

Ces figures des Quatre Animaux, en raison de leur localisation particulière entre nef et chœur, entre ciel et terre, revêtaient sans aucun doute une forte charge symbolique dans le microcosme que constitue l'église.

Lorsqu'ils symbolisent l'histoire du salut, les quatre vivants se trouvent précisément placés dans cet ordre retenu pour le canon des Écritures.

Dans le tétramorphe apparaît aussi le nom de Jésus (יהשוה, Yeshoua). L'aigle est le Yod, le père; le taureau est le premier Hé, l'esprit du père, ou la mère; le lion est le second Hé, l'esprit du fils, ou la fille; l'enfant est le Vav, le Shin est le fils.

Le tétramorphe apparaît sur *the arms of most ancient & honorable fraternity of free and accepted masons* retenues dans Ahiman Rezon[55].

«Les 4 Vivants» sont les 4 grands mystères par lesquels l'Esprit s'incarne en moi, tissant mon «corps spirituel. Retiens Chevalier, que l'Homme nouveau est celui en qui s'établit la voix solaire. La base de la vie sur terre, à savoir les 4 éléments que je voyais déjà comme les 4 formes de l'expression de l'énergie divine ou autre, le Tétramorphe ou son équivalent, représente l'Information que nous recevons avec laquelle il faut se mettre en relation non pas purifications pour se nettoyer mais se mettre en état de recevoir par la présence.. On doit donc transmuter ces énergies pour devenir soi, c'est à dire s'incarner, s'enraciner réellement pour se spiritualiser et trouver la lumière blanche énergie de l'amour, «d'âme aour», pour devenir enfin la synthèse, le chevalier de la

---

[55] Gravure des armes des *Antients*: <tinyurl.com/antient-arms>.

lumière»[56]. Au Rite Écossais Rectifié, dans les rituels de J. B. Willermoz, lors de la cérémonie de Maître écossais de Saint-André, un tableau est présenté au candidat, figurant un lion couché dans une grotte, jouant avec des instruments d'architecture sous un ciel d'orage. Cette référence au lion est donc une constante caractéristique du candidat sur le chemin de la redécouverte de la parole perdue.

---

[56] Le blog de anck131, *Le tétramorphe*: <tinyurl.com/le-tetramorphe>.

À PROPOS DE L'AUTEUR

Jacques-André éditeur
TU, Lettres de Passion, 2001 (Prix Laure de Noves)

Éditions de La Hutte
Pour éclairer le chemin, Une approche philosophique de la Franc-maçonnerie, 2011
Vocabulaire de l'apprenti franc-maçon, 2ème édition, 2012
Vocabulaire du compagnon franc-maçon, 2012
Vocabulaire du maître franc-maçon, 2013
Éléments de tracés avec règle et compas, La concordance maçonnique, 2015
Que signifie tailler sa pierre?, 2015

Éditions ledifice.net
Rassembler ce qui est épars, 2020
Vocabulaire de l'apprenti franc-maçon, 3ème édition, 2020
Vocabulaire du compagnon franc-maçon, 2ème édition, 2021

Éditions Ubik
Il était une fois un mythe, Hiram, 2021
La gestuelle maçonnique, 2021

Numérilivre Éditions
Tracés maçonniques, l'esprit de la géométrie, 2022

Éditions Dervy
Dictionnaire vagabond de la pensée maçonnique, 2017 (**prix littéraire de l'Institut maçonnique de France,** catégorie Essais et Symbolisme)
Franc-maçonnerie. Comment passer du profane au sacré, 2023